大学生教育管理与人才培养研究

芮超◎著

吉林大学出版社

·长春·

图书在版编目（CIP）数据

大学生教育管理与人才培养研究/芮超著．—长春：
吉林大学出版社，2024.4
ISBN 978-7-5768-3129-0

Ⅰ.①大… Ⅱ.①芮… Ⅲ.①大学生－教育管理－研
究②大学生－人才培养－研究 Ⅳ.① G647 ② G645.5

中国国家版本馆 CIP 数据核字（2024）第 079893 号

书　　名　大学生教育管理与人才培养研究
　　　　　DAXUESHENG JIAOYU GUANLI YU RENCAI PEIYANG YANJIU
作　　者　芮　超　著
策划编辑　殷丽爽
责任编辑　殷丽爽
责任校对　赫瑶
装帧设计　守正文化
出版发行　吉林大学出版社
社　　址　长春市人民大街 4059 号
邮政编码　130021
发行电话　0431-89580036/58
网　　址　http://www.jlup.com.cn
电子邮箱　jldxcbs@sina.com
印　　刷　天津和萱印刷有限公司
开　　本　787mm×1092mm　1/16
印　　张　10.25
字　　数　177 千字
版　　次　2024 年 4 月　第 1 版
印　　次　2025 年 1 月　第 1 次
书　　号　ISBN 978-7-5768-3129-0
定　　价　72.00 元

前　言

　　现阶段，高等教育事业发展已进入新的时期，对人才能力培养标准、质量也有了新的要求，大学生教育管理工作也面临新的挑战。传统管理中计划管理理念对工作改革、质量提升产生严重阻碍，且统一化的教育管理严重制约了人才创造意识、创新能力的发展。因此，在高等教育从大众化到普及化转变阶段，应抓住契机，改革教育管理理念与制度，重点落实创新型人才培养任务。

　　一直以来，高校大学生的教育管理工作都是我国教育事业中的重点内容。加强大学生教育管理不仅能够有效规范学生的日常行为，而且还能够为高校各类教学活动的开展提供支持，从而提高办学质量，促进大学生综合素质的提升，使其在步入社会后更具竞争力。在网络不断普及、经济全球化的背景下，各国文化、思想相互碰撞，更应当高度重视大学生教育管理，通过创新教育管理模式来为大学生教育管理工作的开展提供保障。

　　进入 21 世纪以来，社会与经济快速发展，国际形势日趋复杂，在这样的背景下，加强对大学生的教育不仅关乎我国经济的健康可持续发展，更是促进我国社会稳定、民族团结的基础之一。教育管理模式的创新是新时代下大学生培养的关键所在，面对当前大学生教育管理模式在教育理念、教育方法及教育机制等方面存在的问题，我国众多高校均应当引起高度重视，树立新时代的大学教育管理理念，推动教育管理方法的更新和完善，建立健全教育管理机制，从而提升高校对大学生的培养效果，为我国社会主义建设事业输送更多高质量人才。

目　录

第一章　大学生教育管理概述

第一节　大学生教育管理的内涵与价值

一、大学生教育管理的内涵

对于理解与研究高校大学生的教育管理，首要任务是理解这一概念的基本含义。如果想对学生的教育管理有更全面、深度的认识，就需要对这个概念的含义、特点及目标有一个清晰、详细的了解。

（一）大学生教育管理的含义

管理的覆盖内容非常广泛，人们由于特定的需求或从特定的视角去理解和讨论管理，对管理更是有多元化解读，甚至在管理学领域，对管理的解释也存在多样性。其中一些观点从管理的职能和流程的方面看待管理，将其视为计划、建构、指导、调解和监督等功能所构成的过程；有些则着重强调管理的协调作用，将其视为以达成目标为己任，在一个组织中进行人员与物资资源调度的工作；有些则重视组织内部的人际关系和行为，将管理看作是协调人际关系，是激发积极性以达成共同目标的活动；有的从决策角度出发，认为管理就是做决定；有的从系统理论出发，认为管理就是根据一个系统的本质规律来影响该系统，使得其呈现出新的状态的过程。这些不同的诠释，从不同的视角揭示了管理活动的特性。

将以上的各种看法综合起来，可以给出这样的定义：管理是在特定的社会结构中，人们通过作出决策、规划、组织和监督，以有效地运用人力、物力、财力、时间、信息等诸多资源，实现既定目标的一系列社会活动过程。

大学生教育管理是高校管理的一个重要组成部分，同时也是人才培养的关键环节。所以，这种管理既符合一般管理的基本原理，也表现出其独特性。这主要表现在以下 3 方面。

1. 大学生在高校内接受教育管理

所有的管理行为都是在特定的社会组织中进行的。马克思曾经指出："凡是

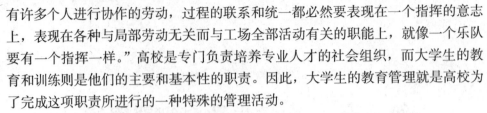

有许多个人进行协作的劳动，过程的联系和统一都必然要表现在一个指挥的意志上，表现在各种与局部劳动无关而与工场全部活动有关的职能上，就像一个乐队要有一个指挥一样。"高校是专门负责培养专业人才的社会组织，而大学生的教育和训练则是他们的主要和基本性的职责。因此，大学生的教育管理就是高校为了完成这项职责所进行的一种特殊的管理活动。

2. 大学生教育管理具有明确的目的

高校大学生教育管理的目的是实现人才培养目标，并且进一步推动学生的全面发展。管理总有其既定目的，管理者追求的是满足某个社会组织的特定预设目标。在世界上，没有无目标的管理，也无法实现无管理的目标。大学生教育管理作为高校育人的关键环节之一，其目的就是实现学校在人才培养上的设定的目标，促进学生全面发展，培养出德智体全面发展、富有进取心且实际操作能力强的中国特色社会主义事业建设者与接班人。

3. 有效利用学校资源，为大学生提供指导和服务

高校教育的精髓是通过全面运用学校的各项资源，为大学生的发展与成才提供引领与帮助。教育管理的任务涵盖协助学生顺利完成学业、快乐健康地成长、对他们的个人与团体行为提供指导、资助贫困学生、对即将步入社会的学生提供职业推介等服务。为了完成这些任务，需要在科学决策、规划、组织和控制的基础上，高效运用包括人力、物力、财力、时间和信息在内的学校资源。总的来说，高校的学生教育管理即是通过以上提到的方式，进行高效的资源分配，以促进学生的发展、培养技能，并提供全面的指导和服务的过程。

（二）大学生教育管理的特点

高校为实现人才培养目标而对大学生进行的指导和服务，具有独特且显著的特性。

1. 突出的教育功能

在培育大学生才能的过程中，教育管理具有重要作用。因此，这种管理既是教育的组成部分，又是管理的一环，而且其在教育方面的功能特别突出。

（1）大学生教育管理的目标应与大学教育的愿景保持一致

当大学生进入大学接受教育，此时，对大学生的教育管理便是实现其教育目标，协助学生顺利地完成学业所采取的特殊管理措施。因此，大学生教育管理的目标必然要依托于并服务于大学教育的愿景。一方面，大学教育的愿景是确定大学生教育管理目标的主要依据。大学生教育管理的目标是在管理过程中体现和应用大学教育的愿景，它是大学生教育管理方面的子目标。如果没有教育的愿景，大学生教育管理将偏离正确的路径。另一方面，要实现大学教育的愿景，首先必须实现大学生教育管理的目标。大学生教育管理是实现大学教育愿景的重要工

具，只有通过有效的管理，才能维持教学和学生生活的正常秩序，并最大化地调动大学生的学习热情和积极性，为他们提供各种必要的指引和服务，保证教学活动正常进行，确保学生的健康成长。如果没有有效的大学生教育管理，那么教育愿景就无法实现。

（2）在大学生教育管理过程中，对教育手段的重视显而易见

教育方法作为包括大学生教育管理在内的现代管理实践中最常被使用和影响力最大的基本工具，其重要性更是无需多言。因为所有管理活动都与人密不可分，人的行为受到自己的思想意识的驱使。这正符合恩格斯的理念："推动人去从事活动的一切，都要通过人的头脑。"因此，每一项管理活动都应该坚持由思想主导，强调做好人的思想工作，通过影响人思想来引领和制约人的活动。相应地，教育管理作为大学生教育与培养的重要组成部分，必然要更加注重运用教育的手段，以增强其实效性。教育手段也为大学生教育管理其他方法的顺利实施和获得实效打下了基础。法律、行政和经济方法在大学生教育管理中的应用，通常需要与思想品德教育结合在一起，才能获得积极效果。如毛泽东同志曾言："为着维持社会秩序的目的而发布的行政命令，也要伴之以说服教育，单靠行政命令，在许多情况下就行不通。"

（3）在大学环境中，教育管理的过程也是大学生接受教育的过程

高等教育的主要使命是培养特定领域的专业人才，而所有的教学任务都应致力于对学生产生正面的教育和影响，尤其对那些直面大学生的教育管理工作。实际上，大学生教育管理的过程融入了许多教育要素。例如，深化人文精神、传递公平和谐的民主法治价值、以每所学校和每个学生的具体情况打造科学精神，以及运用民主、合法、科学的管理方法等都可能会在教育过程中对大学生带来深远的影响。根据大学生成长和发展的实际需要制定和执行规章制度，在思想上引领他们，情感上激励他们，行为上规范他们等管理也属于教育过程。在进行大学生教育管理的过程中，管理员的情感、态度和行为都能以表率和示范性地影响到学生。因此，高校管理大学生的过程就是对大学生教育的过程，这将深深影响大学生的思想道德的形成与发展。

2. 鲜明的价值导向

培养社会所需的人才是大学教育管理的核心任务，其运营和管理体系经常因社会的经济环境、政治制度和主导思想而变化。因此，大学教育管理始终会强调其价值观，这种价值观渗透在其中，体现了社会主要的价值观，对大学生价值观和思想的形成和发展产生直接影响。作为一个社会主义国家，我国强调人民民主专政，其高等教育的目标是为社会主义建设培养专业人才，这也表明中国大学教育管理必定坚持社会主义的价值观。这一特点在大学教育管理的价值指导方向中

有所体现。

（1）大学教育管理的基本价值侧重于目标设定

目标设定是一种基本的实践行为特性。人们在进行实践活动时，目标通常基于特定需求和对实践对象及其变化趋势的理解和评估，因此具有一定的价值取向，这也适用于大学教育管理的目标。大学教育管理的目标和完整的目标体系都是根据特定的价值观制定和设计的，并始终能展示特定的价值观和价值追求。因此，大学教育管理的价值导向不仅能指导、激励和评价管理者的行为和学生的日常活动，还在塑造和培养学生的价值观上发挥重要的引导和激励作用。例如，"创建和保护良好的教学和生活环境"是大学教育管理的一个重要目标，并在此目标中强调了对"有序"价值的关注，执行过程中还将促使学生形成"有序"的观念。另外，大学教育管理是大学教育的关键环节。"我们培养什么样的人"及"我们培养出什么样的人"，这是大学教育的核心问题，也是大学教育管理所要重点关注的问题。为了解决这个问题，必须鲜明地融入某些价值观和价值追求。在当前的国情下，这主要指反映社会主义核心价值观，以及对于实现中国特色社会主义共同愿景在人才培养上的要求。因此，我国大学教育管理的目标也应体现社会主义的价值导向。

（2）大学生教育管理的价值导向主要体现在管理理念中

教育管理理念充当了大学生教育管理活动的操作指南，向我们清晰地阐述了教育管理的基本原则和手段。同时，大学生教育管理理论也一直体现社会价值观，这更是社会的先进价值观念在管理实践中的应用和体现。例如，大学教育管理中的"以人为本主"的理念，就是党所坚持的"以人为本"价值观念在大学生教育管理中的贯彻和体现。在大学生教育管理的实践过程中，全面贯彻"以人为本"的观念，始终坚持"关心人、尊重人、依靠人、发展人、为了人"的原则，这也将在学生的价值观认知上形成积极的影响。

（3）大学生教育管理的价值导向在学校的管理制度中有着明确的体现

一所高校的教育管理依赖于严密且科学的规章制度，这是确保教育管理系统有效运作的基础工具，也是实现管理工作专业化、制度化及法制化的关键要素。然而，规章制度始终是在一定的价值观的指引和影响下制定的，这样的制度内含有的价值导向会反映在一系列的行为规范上，比如对学生行为的要求，阐述哪些应该做，哪些不应该做，指出哪些行为应受到鼓励，哪些应受到批评，明确应得到奖励或惩罚的行为表现等。在大学教育管理中，这些规定都明确体现出其背后的价值导向。

3.复杂的系统工程

正如所有的管理活动，大学生的教育管理也是一种系统化的工作，它表现出整体性、层次性、动态性及开放性。此外，大学生的教育管理还有其特殊的复杂元素，因此它是一项十分复杂的系统工程。

（1）大学生教育管理是一项颇为繁重的任务

它涉及围绕学生的中心任务，加强对他们学习和实践活动的监督指导，同时还必须确保学生的全面发展，加强对他们日常生活中的各种行为，如交往、消费和网络行为的管理和引导，及时发现、调整和妥善处理他们的异常行为。管理和指导的范围既要扩展至学生的现实群体，如班级、党团组织、社团和生活园区，又要应对网络时代带来的新问题，加强对以网络平台为基础的虚拟学生群体的管理和指导；还需要关注大学生在校园内外的安全，提供必要的指导和监督；既要确保所有学生的奖学金评估工作得以顺利进行，刺激学生的学习积极性，又要为经济困难学生提供资助以帮助他们顺利毕业；要引导新生对职业生涯进行科学规划，明确努力的方向，同时为毕业生提供就业和创业的指导和服务，使他们能在合适的岗位施展自己的才能，实现个人价值。综合来看，大学生教育管理渗透到学生的专业学习和日常生活的每个方面，覆盖大学生培养的所有环节和全程，其任务艰巨、复杂且责任重大。

（2）所有的大学生都有其各自特点和独立的性格

高校大学生教育管理的对象是大学生，每位学生都是一个独立的个体，具有强烈的个性差异。每个人都有各自独特的精神世界和思想感情，也都拥有不同的气质、性格、喜好和生活方式，甚至在同一年级、同一专业或是同一班级中，他们的生活环境和经历的独特性使他们在思维和行为上都别具一格。同样，随着他们的自我意识逐步提高，他们普遍追求个性无约束地发展和完善。随着时间的推进，他们在不同的历史时期也会展示出各自的特质。因此，在大学生教育管理过程中，不可能期待一套统一的要求、规则和流程能适应所有的学生，反而需要根据他们的个性特点进行区别对待，寻找有针对性的解决方法。这也就是高等教育管理的复杂性尤为突出的原因。

（3）影响大学生发展的因素十分复杂

大学教育的核心目标是促进学生的健康发展，但无论从学校教育还是外部环境，都对他们的成长造成一定的影响，而后者的构成元素相当复杂。实际上，任何与大学生的学习、生活、活动和社交有关的部分都可能对他们产生或大或小的影响，包括来自社会、自然界，物质、精神，经济、政治、文化，国内、国际，家庭、学校周边社区，以及历史和现实等各个方面的因素。随着信息科技的日新月异，全世界的联系越发紧密，大学生可以方便地接触到来自世界各地的信息，这使得影响他们的思想、行为和成长的因素范围更加广阔、更加多元。同时，外部环境对大学生造成的影响也同样错综复杂，既有积极也有消极的方面，它们经常同时存在，一同影响大学生的发展。即使是同样的环境因素，对不同的大学生也可能产生不同的影响。比如，富裕的经济条件对于许多大学生来说，可能是学业顺利的关键因素，但对某些大学生来说，可能会导致奢靡消费、过度消费，甚至对学习的积极性产生负面影响。影响大学生的方式也呈现出五花八门的特点。显性和潜在的影响存在着，它们通过滋养大学生的思想情感和规范行为的方式来发挥效果，种类众多，令人应接不暇。因此，在大学生教育管理的过程中，管理者需要巧妙地引导大学生学习和生活，并且还要精准地识别和有效地调控各种环境因素对大学生的影响，充分利用其产生的正面影响，避免和防止其带来的消极影响并将其转变。

二、大学生教育管理的价值

对社会的初、高等教育的发展及大学生的成长成才而言，大学教育管理的重要性和价值不容忽视。全方位认识大学教育管理的价值，不仅是大学教育管理研究中的核心议题，更是强化和改进大学教育管理工作的必要思想支撑。

（一）大学生教育管理价值概述

价值这一概念原本来自经济学，与商品的产生同步存在。在经济学理论中，价值被定义为商品包含的无区分的人类劳动力。如今这一理念已经深深渗透到社会、政治、法律、道德、科技、教育和管理等多个领域中，成了评价一切事物的通用标准。因此，价值观也被赋予了新的哲学意蕴。在哲学探讨中，价值被认为是客体对主体的作用和意义，它体现了客体的特点和功能与主体需求之间的独特联系，即客体的特征和功能如何去满足主体的需要。作为一个关系概念，价值不能脱离主体和客体。一方面，价值不能离开主体独立存在，主体的需求是评判价值的依据，只有那些能够满足主体需求的事物或目标才有价值；另一方面，价值也离不开客体，客体的特性和功能是价值的载体。价值的本质，就是客体的特性和功能在满足主体需求方面的能力。

教育管理在高校文化中的价值，主要体现在对社会、高等教育和学生的引导和影响。也就是说，教育管理的特质和影响力在推动社会发展、提高高校办学质量，以及学生个人成长中扮演着重要的角色。高校教育管理的价值并不在于它本身，而在于它潜在的影响与潜力。高校教育管理能够对学生的个人发展和高等教育目标的实现起到关键作用，以此来培养符合社会需求的人才。正是这些特质和功能构成了高校教育管理的基石。高校大学生教育管理价值的主体是社会、高校和大学生。其中，高校教师是进行大学生教育管理的主力军。此外，高校的教育目标是以社会对专业人才的诉求，以及学生自我发展的需要为基础的，因此社会和学生也是大学生教育管理的主体。大学生教育管理的价值就体现在其特性和作

用能够满足社会、高校和学生的需求。大学生教育管理价值有下述显著特点。

1. 直观效果与潜在效应

大学生教育管理在对其价值对象的影响上，视其影响方式的不同，可分为直观效果和潜在效应两种。由此，大学生教育管理价值也呈现出明显的直观性和潜在性特征。大学生教育管理价值的直观性体现在无需通过中介环节，能直接对价值对象产生影响，满足其某些需求。通常，大学生教育管理对学生的影响和作用常常是直接展现的。而大学生教育管理价值的潜在性，则指大学生教育管理需要通过特定环节间接发生作用，以期间接影响价值对象，满足其某些需求。通常情况下，大学生教育管理对社会的影响和作用，大多是通过对学生的影响和作用而间接实现的。

2. 即时效应和长久积淀的共存

在大学生教育管理中，我们可以看到即时效应和长久积淀的共存。这意味着，有些教育管理目标可以在短期内快速完成，同时也有些目标需要更长时间的不断努力和积累才能实现。正因如此，教育管理的价值特征表现在即时效应和长久积淀上。以即时效应为例，高校大学生教育管理能在短时间内快速达成预定目标，满足特定的需求。例如，为经济困难的新生迅速办理助学贷款，使他们能平稳进入校园、安心学习；或者迅速应对突发事件，维护学生安全和校园稳定等。而关于长久积淀，就是说教育管理价值的体现需要经过长时间的过程，通过持续的努力。例如，建立稳固的教育教学秩序以满足高质量人才的培养需求；培养学生良好的思想品质和行为习惯，以满足社会发展和学生个人发展的需求等。这些都不可能一蹴而就，需要不断的、持久的努力和积累。

3. 约束性和扩展性

在实施过程中，大学生教育管理的价值会受到各种内在外在因素的影响和限制。这主要是因为，这种教育管理的主要价值在于促进大学生全面的成长和进步，但这个过程将会受到高校内部条件和外部环境的限制。因此，教育管理在推动大学生全面发展的过程中，必然会受到其他多种因素的制约。只有当其他因素与大学生教育管理的目标相吻合时，教育管理才能有效进行，其价值才能实现。反之，如果其他因素与教育管理的目标冲突，那么教育管理则会难以取得预期效果，其价值也无法得到充分展示。然而，大学生教育管理的价值是可以扩展的，它可以通过推动学生参与各类活动，以及影响高校内部其他运作和对外交往，以增加教育管理的价值。例如，通过鼓励和支持大学生投身科技创新和创业活动，可以提高学生的积极性，从而提高教学水平和培养学生的创新能力和创业能力；通过对学生的日常活动进行教育管理，学生会形成遵循社会道德规则、主动维护公共秩序和环境清洁的行为习惯，这无疑将对改善学校周边环境产生积极的效果。

4. 大学生教育管理价值具有系统性和开放性

系统性基于这样的认知，即大学生教育管理价值集合了多重维度和类型，形成了有机整体。它可以按照主导价值进行分类，包括社会价值、学校群体价值，以及个人价值。其中社会价值界定的是大学生教育管理在社会运行及进步中的作用和价值；学校群体价值指向的是大学生教育管理对于高校运转和发展的贡献；个人价值则指大学生教育管理对于学生个体成长有着显著的影响。根据形态的不同，价值可被识别为理想价值和现实价值。理想价值代表大学生教育管理理想的价值状态，即其期望达到的最高价值；现实价值指的是大学生教育管理在现状中所呈现出或正在展示的价值。其次，它也可以依照价值的性质分为积极价值和消极价值；基于价值的衡量分为高价值和低价值等，这些价值共同构筑成了大学生教育管理价值的系统化视角。开放性则体现在大学生教育管理价值由于价值需求者和教育管理功能的变化而引发发展变化。社会的前进将促进大学生教育管理服务对象需求产生变化，从而推动大学生教育管理功能的调整和升级，进一步增强和扩大了大学生教育管理的价值。比如，鉴于计算机网络的进步及它对大学生的双重影响，强调大学生教育管理必须增强对大学生网络行为的监管和服务，以确保高校大学生教育管理的价值能够延伸到网络领域。

（二）大学生教育管理的社会价值

对社会运行和发展有重要影响和意义的大学生教育管理的价值，就是指其属性和功能对应社会运行和进步的需求。大学生教育管理的社会价值，主要体现在它是培育中国特色社会主义建设的合格人才的重要途径，也是建立社会主义和谐社会的内在需求。

1. 培养合格人才的重要手段

发展中国特色社会主义需要众多高质量的工人、大量的专业人才及一批顶级的创新型人才。而高等院校是培训这些专业人才的关键场所，其主要使命是为中国特色社会主义的建设提供合格的专业人才。此外，高校的大学生教育管理是培养人才的重要手段，它在培育并塑造合格人才的过程中发挥着关键的作用。

（1）确保教育与教学过程的顺畅运作

在高等教育体系中，所有的教学与教育行为都需按照各项规章制度，有目的、有计划、有组织地进行。据此，建立及维系一个秩序井然的教育与教学环境成为完成教育和教学任务的内在要求和基本条件。这就要求高校实行严格、科学的管理，其内容也包括对大学生实施教育管理。因此，教育管理对于维持高等教育体系中教育和教学的有序性来说，是至关紧要的。在教育管理中，需要严格地管理学生的学籍，根据学校的制度和规定，有条不紊地处理学生入学、注册、课

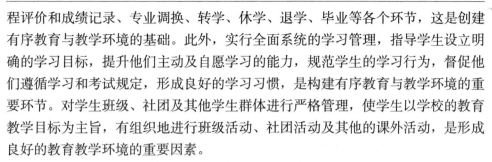

程评价和成绩记录、专业调换、转学、休学、退学、毕业等各个环节，这是创建有序教育与教学环境的基础。此外，实行全面系统的学习管理，指导学生设立明确的学习目标，提升他们主动及自愿学习的能力，规范学生的学习行为，督促他们遵循学习和考试规定，形成良好的学习习惯，是构建有序教育与教学环境的重要环节。对学生班级、社团及其他学生群体进行严格管理，使学生以学校的教育教学目标为主旨，有组织地进行班级活动、社团活动及其他的课外活动，是形成良好的教育教学环境的重要因素。

简而言之，大学生教育管理是确保和保持正常的教学流程的关键因素。如果没有对大学生的有效教育管理，就无法实现正常的教育教学秩序。

（2）学生的主动学习才是最关键的环节

大学生教育管理在学生的学习行为中起到了激励、指导和保障的重要作用。大学学习的真谛在于教师和学生之间的互动，实现学教一体化。在这个过程中，教师的教学只起到主导的作用，学生的主动学习才是最关键的环节。对于大学生而言，学习是他们的首要任务，也是他们能否成为优秀人才的决定性因素。因此，大学教育管理在学生的学习行为中的激励、指导和保障作用尤为重要。其中，大学教育管理对学生学习行为的激励作用主要表现在：协助学生深入理解学习的社会和个人意义，明确学习目标以激发学习热情；对学习成绩优秀的学生进行奖励，以激励他们更积极地勤奋学习；加入竞赛要素激发他们的学习热情。大学生教育管理对学生学习行为的指导作用主要体现在：协助新入学的学生理解和适应大学学习的特色和需求，引导他们尽快由被动学习转变为主动学习；协助学生根据社会的需求和自身的实际情况设定职业路径，明确职业发展的方向，从而明确学习目标；指导学生掌握科学的学习方式，养成好的学习习惯，提高他们的自学能力和效率；鼓励学生主动参与社会实践。重视通过实践来增强对专业理论知识的掌握，并通过实践提升自我专业技艺。高校大学生教育管理对学生的学习行为起到了保障的作用，主要体现在如下几个方面：强化资助管理，确保助学贷款和助学金的准确发放；组织和引导学生参与勤工助学活动，为经济困难的学生创造必要的经济条件以顺利完成学业；开展心理辅导，协助学生战胜学业焦虑等消极心态，以积极健康的心态面对学习和生活。

（3）塑造学生的品德信念

中国特色社会主义建设需要的人才不仅要拥有出色的专业技能和才华，还应拥有正直的品格。品德信念其实是指人们在某个思想体系的指导下，按照社会的要求规范自己的行为时所持有的相对稳定的特质。它是思想与行动共生的心理基础。要让大学生建立起良好的道德理念，不仅需要进行深入而全面的思想政治教育，同时也需要强有力的管理手段。由他控变为自控的过程是培养人的品质和

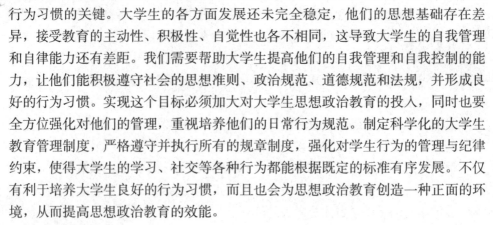

行为习惯的关键。大学生的各方面发展还未完全稳定，他们的思想基础存在差异，接受教育的主动性、积极性、自觉性也各不相同，这导致大学生的自我管理和自律能力还有差距。我们需要帮助大学生提高他们的自我管理和自我控制的能力，让他们能积极遵守社会的思想准则、政治规范、道德规范和法规，并形成良好的行为习惯。实现这个目标必须加大对大学生思想政治教育的投入，同时也要全方位强化对他们的管理，重视培养他们的日常行为规范。制定科学化的大学生教育管理制度，严格遵守并执行所有的规章制度，强化对学生行为的管理与纪律约束，使得大学生的学习、社交等各种行为都能根据既定的标准有序发展。不仅有利于培养大学生良好的行为习惯，而且也会为思想政治教育创造一种正面的环境，从而提高思想政治教育的效能。

2. 构建和谐社会的内在要求

追求社会和谐，一直是人类长久以来的社会理想，也是中国共产党和中国人民不断付出辛勤努力的主要目标。自党的十六大起，我党对社会和谐的认识渐渐深化，明确了建设社会主义和谐社会的职责。社会和谐作为中国特色社会主义的主要特质，构建社会主义和谐社会则是推动中国特色社会主义建设的基本要求和重要保证。在此背景下，高校大学生教育管理，在为这一特殊社会群体指导和服务的社会活动过程中，展示出了特殊的重要地位，具备独一无二的重要价值。

（1）在维护社会稳定和促进社会和谐进步的过程中，高校大学生教育管理发挥了极为重要的作用

在我们期许的社会主义和谐社会里，应当弥漫着民主法治的气息、公平正义的信念，以及真挚和谐的人际沟通，而且社会氛围需具备活力与秩序，人与自然需要和谐共处。社会主义和谐社会追求的安定有序，不仅是其内在特质，更是社会和谐的基本条件。社会稳定是安定有序的关键要素和重要表现，同时也是推动改革和发展的重要环节。邓小平同志在推进改革开放的过程中，反复地强调没有稳定的环境，就无法成功完成任何事情，稳定压倒一切。同样地，社会稳定的重要条件之一就在于高校的稳定，而对于这个关键部分，大学生占据了至关重要的位置。大学生的思想尚未完全成熟，存在明显的矛盾性，他们关心国家进步，关心政治，寻求民主和自由，同时拥有强烈的参政意识，然而他们在政治生活和社会实践上的经验不足，缺乏正确的政治判断，因此很可能被错误的社会思潮和不良倾向所左右。另外，正处在青春期的大学生感情十分丰富，他们既热情，又十分情绪化，在面对挑战时难以保持冷静。众多的高校学子集聚在校园，如若缺乏正确的指导和有效的管理，易于在他们中间引发一些负面现象和问题，可能对社会造成不良影响。故此，要深化对大学生的教育管理，恰当地引导他们参与社会和政治活动，有效地处理他们在学习、生活、交往及就业过程中遇到的各种矛盾

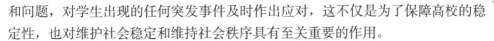

和问题，对学生出现的任何突发事件及时作出应对，这不仅是为了保障高校的稳定性，也对维护社会稳定和维持社会秩序具有至关重要的作用。

（2）改进高校学生的教育管理体系，是构建和谐学习氛围的决定性措施

高校是现代社会中不可或缺的重要社会组织，在人才的培养、科研的发展及先进文化的推广方面都扮演着重要的角色。和谐的学校生活，不只是我们构建社会主义和谐社会的关键因素，而且是推进高校追求科研发展的根本要求。对大学生进行教育管理并鼓励他们积极参与营造和谐校园，是保障校园和谐稳定的一种有效手段。我们可以通过改进高校学生的教育管理，建立和完善学生参与民主管理的制度和策略，指导、帮助和组织学生依法参与学校的民主管理和自我管理，以确保学生在校权益得到实质性的保护，并鼓励学生积极履行法律授予的责任，始终对法律和学校规定的权威保持尊重，从而推动高校民主制度的建设。只有维持学生与学校、学生与教师的良好关系、保障学生权益，公正地评估学生的品格及学业成果，实行公平的奖惩制度，妥善解决学生的纷争与问题，学校内才能广泛推广公正公平的理念。我们需要督促学生在学习考试、科学研究、人际交往及日常生活中坚守诚实守信的底线，制止欺诈和剽窃的做法，敦促他们尊敬导师和同学，积极投入公益事业，从而营造一个诚信、友善的良好学习环境。依靠高等教育中的学生管理，我们可以充分挖掘并激励学生的积极性和创新能力，以专业学习为重心，积极参加各类社团和社会实践活动，同时我们也要在他们进行科研、独立创新、创业尝试等方面给予大力支持，以此营造具有无限活力的校园。通过建立和维护学校正常的教育教学秩序和生活秩序，强化对学生的安全教育和管理，保持学生的身心健康，有效避免和应对各类突发情况，为打造和谐安全的校园生活环境不遗余力。通过对大学生的教育管理，我们方能教育并促使学生主动保护校园环境、节约水电等资源，使学校成为人与大自然和谐共处的绿色校园。

（3）高校大学生教育管理占据至关重要的地位，从而促进大学生集体的和谐发展

党团组织、班级、学生会、社团等，是大学生在政治、学术及日常生活中的基本组织形式，直接影响他们的思想与行为，进而成为对大学生思想教育和管理的主要方式。大学生社群的协调发展，不仅关乎每一位大学生自身的健康与全面发展，也直接触及高等教育的和谐、稳健及科学进步。由于大学生教育管理包含着管理大学生社群，因此在推进大学生社群的和谐发展中要引导大学生社群自觉遵循学校的各项制度与规定，注重学校的教育目标和学生的发展需求，开展丰富多彩的集体活动，充分发挥他们在自我教育与自我管理中的作用，这有助于推进大学生社群与学校的协调进步并保持一致。通过大学生教育管理，可以真正地

强化大学生社群的思想、组织结构、制度及风气的建设，引导他们增加对社群的认同，主动关心社群的发展，积极参与社群活动，提倡团结协作的精神，持续增进他们之间的友情，重视互相沟通和交流，及时解决各种矛盾，也能助力每一个大学生社群自身的和谐进步。通过对大学生的教育管理，可以引导他们在党团组织、班级、学生会、社团等各种集体中，以正确的态度看待互相之间的关系，并进一步提高他们的交流与协作能力，实现大学生自我教育和自我管理的叠加效果，进一步推动各种学生集体之间的和谐共融和共同提高。

（三）大学生教育管理的个体价值

在高校中，大学生教育管理的独特重要性表现在其对学生成长和发展起到的作用和重要意义。换言之，这种教育管理方式的属性和效用能够满足大学生的个人成长和发展的需要。大学生教育管理的个体价值主要体现在引导方向、激发动力、规范行为、完善人格和潜力开发。

1. 引导方向

大学生教育管理在高校中拥有显著的引领功能，对大学生的进步和成长产生着关键的引导作用。主要体现在以下 3 个方面。

（1）引导政治方向

政治方向是由政治态度、主张、观念、品质和信仰合并而成，是塑造个人品性的关键要素，它对人的思维方式和行为守则具有决定性影响。我党始终倡导，在培养人才时，坚定正确的政治方向应作为优先考虑的要点。当前，随着全球化和信息技术的迅猛发展，世界政治状况愈发复杂，西方意识形态的影响力持续加大。因此，引导大学生确立坚定和正确的政治方向，即坚持中国特色社会主义道路，成为高校一项尤为重要且紧迫的任务。为实现这一目标，首先是加强思想政治教育，同时也要强化高校学生的教育管理。因为高校学生教育管理的社会属性使其必须具有明确的政治方向，从而影响学生的政治理论方向。实际上，我国的《普通高等学校学生管理规定》和《高等学校学生行为准则》已经明确规定大学生应"确立在中国共产党的领导下走中国特色社会主义道路、实现中华民族伟大复兴的共同理想和坚定信念"。因此，要加强大学生教育管理，严格执行高校学生管理规定，引导和督促学生主动遵守学生行为规范，尤其是政治行为的管理和指导，引导学生能正确地行使法律赋予的政治权利。同时，自觉抵制各种腐朽思想的负面影响，及时纠正校园中出现的错误倾向，确保学校的政治稳定和安全性。这对于引导大学生坚持正确的政治路线具有至关重要的作用。

（2）价值观的引导

人们在处理各种问题、争执、人际交往时，他们的主要态度、立场及价值倾向，往往是由他们的价值观引导的。价值观的引导不只决定了个人的价值取向，也会影响他们的思维和行为走向。在中国，现行的市场经济发展同时带动了社会生产的前进和人们思想的更新，但也可能会导致人们产生自私、拜金和享乐主义的价值观。由于全球化和中国与国际社会的深度交流，西方的价值观也慢慢地传播到了中国。因此，引导大学生了解并坚持社会主义核心价值观，显得尤为重要。正如前面提到的，正确价值观的引导是大学教育管理的显著特征。在高等教育管理中，通过持续遵循和实践反映社会主义核心价值观的管理理念，制定并实施培养符合社会主义建设需求的合格人才的目标体系和规则，对于引导大学生形成正确的价值观有着重要作用。

（3）在职业发展之旅中起引导作用

通过指引大学生设置符合社会需求及个人目前情况的追求目标，明确地规划出职业发展轨迹，有助于他们将主要精力和时间集中于达成预定目标的工作学习和实践，这对他们的快速成长非常有益。在这个职业道路引导过程中，高校大学生教育管理中在这方面的体现包括：指导学生的学习活动，帮助他们根据专业要求及个人兴趣，设定专业学习目标，明确他们在专业学习过程中的努力方向；引导大学生规划职业发展，鼓励他们结合社会需求、职业发展趋势和自身期待与目标，确定自身职业理想，从而明确自身的职业发展之路。

2. 激发动力

高等院校的系统教育为大学生的个人进步和发展创造了有利的条件。大学生是否能健康成长和全面发展，主要取决于他们自身的勤奋和主观能动性的发挥。正如邓小平同志所言，"我们要求所有的人都努力上进，但毕竟还要看各个人自己是否努力。"所以，为了推动大学生的成长和发展，我们必须关注激发他们的内在动力，最大限度地激发他们的主动精神和积极态度。在激励大学生发挥内在动力方面，大学教育管理具有显著的作用。大学教育管理对大学生的激励机制，主要通过下列 3 种方式实现。

（1）需求激励

需求既是促使人们迈开步伐的动力源泉，同时又是动机生成和形成的基石。一个人的积极程度及他们所展示的程度，是由需求的满足及满足程度来决定的。因此，坚持以人为本的大学教育管理服务于学生，关心学生实际需求，维护学生的合法权益，为大学生的成长和发展提供全面和具体的帮助及全方位服务，对大学生产生鼓励和激励作用是必然的。

（2）目标激励

所有人的行动都是由目标导向的，这些目标体现了人们想要达成的结果和成就，能够激发人的积极性，鼓励人们去力争上游。人们对目标的价值认知越强，目标变得现实的机会越大，目标的激励作用就会越明显。大学教育管理应予以遵

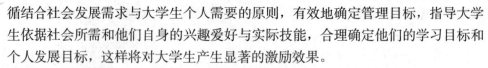

循结合社会发展需求与大学生个人需要的原则，有效地确定管理目标，指导大学生依据社会所需和他们自身的兴趣爱好与实际技能，合理确定他们的学习目标和个人发展目标，这样将对大学生产生显著的激励效果。

（3）奖罚激励

实施奖励和处罚是大学生教育管理的重要方法，旨在通过正负两种强化手段，调节和掌控大学生的行为，以保持和提高大学生学习和实践大学生行为准则的积极性。奖励就是以表扬、奖赏、信任等形式来满足大学生的需求，使他们得到满足和快乐，进而更加积极地投入学习；处罚则是通过造成被处罚者的某种需求不满足，引发他们的痛苦和警惕，从而将消极行为转化为积极行为。通过正确使用奖励和处罚，大学生教育管理鼓励先进、激励落后，从而鞭策和激励所有大学生奋发努力。

3. 规范行为

对于高校来说，精心设计并严格执行各项管理细则和纪律约束，是他们在大学生教育管理工作中的一项重要任务。这样做的目的是指导大学生行为，促进他们养成文明的行为模式和良好的行为习惯。在引导大学生行为方面，高校大学生教育管理主要通过以下 3 条路径来实施。

（1）强化制度建设

在大学生教育管理中，制度建设起着主要的作用。大学制度建设的根本就是要根据社会进步的需求、人才培养目标，以及大学生健康发展的需求，来科学制订并持续优化各种规章制度。这样一来，大学生可以明白自己应该做些什么、不应该做些什么、应该如何行动、不应该如何行动，并且通过这些规章制度来引导并激励学生，使其行为规范化，逐渐养成文明的行为方式。2005 年教育部修订的《普通高等学校学生管理规定》和《高等学校学生行为准则》就是当前大学生教育管理的基本规章制度，为规范大学生行为提供了基本的指导和框架。

（2）毫不动摇地遵守规章制度

规章制度是一定的社会组织为了达成组织目标，规定所有成员都必须坚持执行的带有强制性质的行为规范。它是建立正常秩序、保护组织成员共同生活的主导工具，同时也为完成任务和实现组织目标提供了关键保障，所以在大学生教育管理中是必须强调的重要因素。在高校大学生教育管理过程中，严格执行学习、考核、研究、团体活动、校内生活、安全保障等各方面的规定，以此来约束和调整学生的行为，对于违反规章制度的行为要立刻进行适当的惩罚，有助于有效地指导和规范学生的行为，并促进他们养成良好的行为习惯。

（3）提倡自主管理

在大学生教育管理中，自主管理是一项重要的计划。自主管理的一个重要内容就是激励学生培养自主精神和积极态度，督促他们积极遵守管理规定，让大学生主动进行自我约束与自我监督。这样的自我约束和自我监督，不只是体现在大学生个体的自主管理中，也体现在大学生群体的自主管理中。在对大学生班级、寝室、社团等群体进行管理时，需要让学生的主体地位得到充分发挥，引导他们在民主讨论的基础上建立一套全员遵从的规则制度，并且相互监督实施。这不仅能够帮助建立积极的团体氛围、实现团体目标，同时也有利于提高所有成员规范自我行为和限制自我行为的自觉意识。

4.完善人格

人格被定义为个人的稳定且一致的心理特点的一种组合。简单来说，人格包括一个人的性格、思维水平、情绪格调、行为方式、道德品质、精神状况等各个方面。人格不但体现了一个人发展的整个过程，而且也是个人发展的内在动力。人的全面发展往往伴随着人格的健全和完善。高等教育管理的基本目标就是促进大学生的全面发展，因此关注对大学生人格的全面培养，对于促进他们形成高尚的精神世界、道德素养、积极的心理素质是十分重要的。大学生的教育管理在完善大学生人格的过程中扮演了重要的角色，这主要体现在以下两个方面。

（1）优化环境影响。

环境对于大学生的人格形成和提升有着至关重要的影响，是对他们人格的主要陶冶和影响力所在。正如"近朱者赤，近墨者黑"所说的，大学教育管理在营造适宜的校园环境和优化环境影响方面发挥了至关重要的作用。大学教育管理部门通过制定和落实合理的规章制度，保障并维护校园的良好秩序；通过高效的学习管理和班级管理，推动优良学风和班级氛围的建立；通过指导和管理学生的人际互动，优化校园的社交环境；同样，通过管理和引导学生的网络行为，净化校园的网络环境；通过对学生社团和课余活动的指导和管理，展现校园生活积极向上、丰富多彩的面貌；通过管理学生生活区和指导学生的日常行为，为学生营造一个稳定、有秩序、文明和健康的日常生活环境。

（2）作为指导理论来引领行为实践

实践是大学生人格形成和发展的根本路径。大学生所学习的各种知识、观念和技能，唯有在实践中通过他们的直接体验，方能被他们真正地理解、吸收和融会贯通。大学生的行为模式培养、实践技能的提高等，更是他们自我长期实践的结果。因此，高等院校的大学生教育管理通过对大学生行为，以及实践过程的管理和引导，会对大学生人格的完善具有决定性的影响。

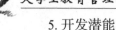

5. 开发潜能

个体的内在潜能指的是待发掘、尚未开发的能力，其中包括生理、智力和心理的潜在能力。这种内在潜能是个体现实活动力量的潜伏状态和内在源泉。个体能力的增强，其实就是挖掘潜能，使之成为可观察到的现实活动能量、显现能力。人内心的潜在力量是无比强大的。美国知名心理学家威廉·詹姆斯认为一位正常的人仍有 90% 的潜能未被使用。因此，人的潜能有着非常广阔的发展空间。大学生处于人生的重要变革时期，开发他们的丰富潜能，并将这些潜能转为社会建设的实际素质和力量，是高等教育的要务之一。大学生教育管理作为高等学历教育的核心环节，在培育大学生的潜在力量上扮演了关键角色。大学的教育管理从以下 3 个方面来发掘大学生的潜能。

（1）引导学习训练

掌握知识与技能是挖掘潜在能力的基石。只有将其系统化，学习和掌握必需的专业知识和技能，才能实现潜力的正确和有成效的运用。通过对高等教育学生的学业表现进行监督和引导，能帮助他们设立正确的学习目标，掌握高效的学习方法，大幅提升他们的学习潜力，增强他们的学习实力。同时，可以推动他们系统地了解和掌握专业理论以及方法，从而让他们在专业领域的潜能得以逐步深化和扩充。

（2）应用奖励策略

奖励可被视为发掘潜能的重要途径。借助奖励能全面激发人的主观积极性，冲破满足于当前情况的负面心理，鼓舞人的精神，改变人的观念，引发人的热情，修正人的行为方式，以实现开发潜能的目的。奖励也是大学生教育管理的重要策略。在大学生教育管理中，通过应用奖励策略，可以引导学生确定努力的方向和目标，奖励成绩优异、表现突出的学生，能够调动大学生的主动性和积极性，激起他们的奋斗雄心，进一步推动他们不断挖掘自己的潜在能力。

（3）筹划实践活动

实践活动是潜在能力转化为显性能力的转折和桥梁。个体潜力需要通过实践才能逐步显现并真正发挥作用，从而成为显性能力。在高校教育管理中，对学生社区活动和社会实践活动的支持和指导，还有对学生科技服务和科技创新活动的鼓励和引导，都能给学生提供丰富多样的加入实践活动的机会，让他们的潜能在实践中得到开发、扩展和壮大。

第二节　大学生教育管理的理念与原则

一、大学生教育管理的理念

（一）人本管理的理念

在管理的发展中，理性主义和人文主义是两条重要路径。科学管理理论的典型代表是理性主义，以此为中心的管理思维方式影响了人们很久一段时间。但是，从20世纪的20—30年代开始，随着"人际关系理论"和"行为科学"理论的发展，"人文主义"成了管理思潮的核心，人性和个体价值被大众广泛接受。由此衍生出的人本管理理念，坚决主张在管理过程中要始终把人放在中心位置。这种观点主要集中在如何激励所有成员的积极性，并且进行最有效的人力资源分配，目标在于追求由个体全面发展所带来的最大利益。

在大学生教育管理过程中，坚持以人为本的管理思路，也就意味着要把学生的需求和目标放在首位，构建现代化的学生观，充分重视和尊重学生的主导地位，引导并推动学生个体的全面发展，打造多元化的学生评价体系。在日常的工作实践中，我们要充分尊重学生的主导性、差异性、多样性及独特性，把学生视为具有血肉之躯、生命尊严、思想感情的真实的人。以关注学生的生长和才华发展为任务的中心，真正尊重、理解、关心及引导学生。

（1）注重满足学生的个性化需求，以促进他们的成长成才

需要针对不同类型、不同层次的学生的特点和需求，对教学、管理和服务进行详尽和深度的调整，旨在构建一个协助学生成长、解答学生困境、提供学生便利、保障学生权益的高校学生管理系统，确保学生接受最优质的教育。因此，高校学生管理应以学生的需求为核心，将工作需求和学生的发展需求、即时需求和长远需求、个人需求和群体需求，以及物质需求和精神需求紧密结合，努力培养出德、智、体全面发展，品行与学业并重，知行合一的社会主义新一代的接班人和建设者。

（2）鼓励学生起主体参与，推动学生的自我成长

高校需要充分尊重学生的主体地位，带动他们参与管理活动，使学生成为管理的重要组成部分。学生参与管理的有效途径可以通过学生会、班级委员会、团支部和社团联合会等学生集体组织，定期轮换学生领导职务等方式，尽可能让每

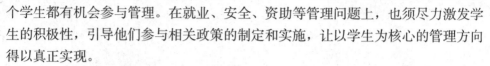

个学生都有机会参与管理。在就业、安全、资助等管理问题上，也须尽力激发学生的积极性，引导他们参与相关政策的制定和实施，让以学生为核心的管理方向得以真正实现。

（3）实行民主化管理

实行民主化管理，重视学生的积极性和创新性是"以人为本"思想的重要体现。因此，我们不只需要提高管理者和学生对民主管理的认识，更要优化民主选举、决策及监督等民主管理的操作系统，打通民主管理的途径。

（二）服务育人的理念

高等教育管理应关注大学生的全面发展和健康成长，而不只是对他们进行纪律管理，或者仅把他们视为管理工具。我们必须接受管理即服务、管理即培养人才的理念，必须从根本上转变我们对大学生教育管理的观点、思想、策略和手段。要依据《中共中央 国务院关于加强和改进大学生思想政治教育的意见》，加强和改进大学生思想政治教育是教学、管理、服务相互衔接的系统性任务。高校需要把教育和管理结合起来，必须从严治教，加强管理，并且需要建立适应大学生成长需求的管理体系。高校必须时刻关注与大学生教育管理相结合的思想政治教育，构建自我约束和他人约束，奖励和惩罚相统一的长效机制。

（1）我们需要提高对服务的认识，主动解决学生最关心的实际问题

大学生的在校教育管理涉及很多与学生个人权益密切相关的因素，如学习问题、职业困惑、家庭经济负担及心理难题等。作为管理人员，我们需要高度重视解决这些实际问题，让他们感觉到的自己备受关怀和关注，从而在他们心中建立起接受管理人员的教育和指导的感情基础。在解决实际问题的同时，我们也要重视与解决思想问题相结合，解决问题和讲道理要同步进行，坚持教育与管理并重，以达到既关心他们、帮助他们，又教育他们、指导他们。

（2）在管理实践中，我们不能忽视学生的情绪诉求，以及规则的刚性和管理的弹性

管理学生是做"人"的工作，人具备逻辑思考和情感联系能力。无论教育手段多么现代化，亲身交流的思维碰撞始终是无法替代的；无论通信媒介如何进步，人际的情感交流同样是必要存在的。正是这种感情纽带，促使管理能够达到协调和完善的效果，从而激发出学生的主动性和积极性。针对每个学生的个别情况，我们需要采用最适宜他们理解并接受的管理方式。这样学生才更可能愿意遵从有关规定，主动将其融入自身的行为准则，以此培育出良好的行为习惯和品格。

（3）亟待打造出一套高品质的管理体系

这套体系需要管理者对学生倾注真挚的爱心、体现由衷的尊重、给予足够的理解、无微不至的关怀和完全的信任，并且管理者还要注重自身的形象，让形象

教育成为一种重要的人才管理途径。我们需要构建一个全员参与的教学机制，达成全员、全过程、全方位的教育格局；努力创造充满生机和活力的校园氛围，打造内容丰富的校园文化，这样可以悄无声息地给学生以教育和引导。通过多种多样的校园文化活动，学生的课外生活更为丰富，他们才能有机会得到锻炼，他们的天资可得以展现，他们的素养也可进一步提升。学生置身于充满文化气息的校园环境中，会感到愉快，视野也将得到拓宽，能全面而和谐地发展。

（三）科学管理的理念

早在20世纪初，科学管理理论就已在西方工业化国家被大规模实施，并产生了深远影响，泰罗也被公认为"科学管理之父"。简言之，科学管理是通过实践经验的标准化、系统化和科学化，来替代个体经验导向的管理模式，其主要聚焦三大核心：一是提高工作效率，这是科学管理的主要任务和形成其原则方法的基石；二是建立确切的管理体系和标准，使管理科学化和制度化，从而提高工作效能并实现最高效率；三是科学管理的重要性并不仅在于具体的系统和方法，更在于其引发的重要思想转变。在高等教育管理之中，科学管理的特色反映在规范性、制度性和模式化，其核心价值在于提高学生管理效率，组织架构的完备、工作计划的细致、规章制度的严格、职责分工的明确、管理程序的细化、物质激励和纪律约束等。这种管理模式使大学生的学习模式、纪律规定、行为规则、运行程序得以规范化；信息传播、所有学习生活均实现程式化，从而最大限度地引导学生接受正确价值观，并使管理效果达到最优化。

第一，应借助完善且科学的体制标准来引导人们，对别人的尊重并非是纵容，缺乏规则的行为不被社会接受。培养良好的习惯是学生成才的关键要素，因此我们必须集中资源，加强对高等教育管理的制度文化建设，以制订出科学和人性化的教育管理体系。

第二，我们要构建一种师生之间平等相待、相互尊重的关系。管理者的角色定位不应是高高在上、一言堂的主宰者，而是积极的引路人角色。作为管理人员，他们需要与学生建立亲近的关系，相互平等地沟通，并尊重学生的个性，用诚恳的态度提供学习指导、生活帮助和心理建议。特别是辅导员，他们在管理过程中需要用创新的方式发挥自己的特长，通过与学生的沟通互动来实现自我价值和生活理想，真正落实互为主体、共同学习的理念。

第三，我们需要打造一体化的工作机制和运行体系。对于学生工作的相关机构需要进一步加强，提高其在组织和协调各项工作中的实力，明确并理顺学生管理系统中各部门、各层次、各个职位的职责关系。无论是管理还是教学，无论是在课堂内还是课堂外，无论是学院还是行政部门，无论是各行政职能部门还是所有的管理人员，都应遵循相同的标准和统一的声音，以帮助整合各方的力量，相互促进发展。

（四）依法管理的理念

依法管理是依法治国方计划在大学的具体体现。在大学生的教育管理上，依法管理的重要性显而易见，高等教育管理需以法律为准绳，按照法律要求，在教育管理决策、规划、组织和监管环节中，全都要受法律制约，不能有任何违法行为。大学生教育管理坚持依法管理的原则也是教育管理发展的自身需要。一方面，管理的主体已经发生了巨变，大学生的法律维权意识已大大增强；另一方面，管理工作面对各种新情况和新问题，如学生借贷违约、就业合约违约，学生婚姻、事故伤害或者死亡处理，学生心理健康和隐私保护等等。因此，针对新的情况和问题，高度强调依法的管理对大学生来说，显得至关重要。

1.需要增强法律意识，并增强对法律知识的学习热情

自中华人民共和国之日起，我国开始构建一系列与教育相关的法律，如《中华人民共和国教育法》《中华人民共和国高等教育法》和《中华人民共和国教师法》等，国务院还颁布了包含《中华人民共和国学位条例》《普通高等学校学生管理规定》和《教育行政处罚暂行实施办法》等200多个法律法规与规章制度，在《中华人民共和国教育法》的主导下，形成了一套完整的教育法律法规体系。作为大学教育管理者，我们有责任精心学习及理解这些法律和规章制度，确保能有效地处理关键问题，并可及时查询以解决棘手问题。除此之外，我们应鼓励学生积极地去学习这些教育法律法规，了解他们的权利和义务，增进他们依法维护权益和履行义务的意识，同时培养他们的学习和遵守法律的习惯，为他们适应社会、推动我国法治建设夯实基础。

2.必须以法规作为准绳，根据法律构建适合学校具体情况的内部规定

目前，大学生教育管理的相关法规已经相对完善，但是由于不同类别、不同层次，不同地区的高等学校有着各自独特的学生管理实际需要，因此必须依照《普通高等学校学生管理规定》等相关法规，建立符合学校具体情况的内部规章制度。

3.必须严格遵循法律条例

我们必须将学生的规范化管理和对学生合法权利的有效保护结合在一起，既要坚持严格管理，又需要给予学生充分的尊重和平等对待。特别是在处理学生的违规和违纪行为时，始终要确保事实清楚，证据充分，并且正确、适当地使用法律条例，处理过程符合相关法律的要求。我们要确保不滥用权力，不越界，保持公平和公正。

二、大学生教育管理的原则

（一）方向性原则

大学生教育管理应遵循方向性原则，即关于应当培养何种人才及如何培养人才的问题。大学生教育管理对于高校的运作是至关重要的，是校方育人工作中的关键环节。大学的主旨是培养优秀的社会主义事业的建设者和接班人，而大学生教育管理正是影响这一目标实现的关键因素。所谓的方向性原则，是指在制订大学生教育管理的目标、进行教育活动时，必须与大学培养人才的总目标，以及与党和国家的教育方针、标准、政策和法律规定的教育和管理目标保持一致。这个方向性原则对于大学生教育管理起到了决定性的作用。只有坚持下去，才能引领大学生教育管理朝着高等教育总体目标的方向迈进；只有坚持下去，才能保证教育管理的正确方向，从而有利于培养全面发展的社会主义事业的建设者和接班人。坚持方向性原则是由大学生教育管理的社会性质所决定的，同时也是对中国大学生教育管理经验的总结。

在管理高校大学生教育的过程中，坚守方向性原则至关重要，主要涉及以下3个方面。

1. 提升管理人员的政治意识

高校学生教育管理在各种高等教育实体中，具有政治色彩和价值观念。无论是在哪个社会的高等教育管理中，均是服务于一定的社会阶级。各个不同环境下的大学生教育管理的目标、理念、职责、方法及策略等，都具有显著的差异。然而，我们在管理理念和行动中，往往忽略了管理的政治影响和价值观，甚至有一些人并不理解或认同大学生教育管理有其具体的方向。因此，为了凸显大学生教育管理的方向性，首要的任务是提高管理者的政治敏感度，使得管理者在管理过程中能够有意识地深思管理的政治导向和价值取向。管理者需要在大学生教育管理的全过程和每一环节中，均融入其方向性，引导学生积极参与改革开放和社会主义现代化建设，通过为国家和人民不断努力，实现其自我价值。

2. 以制度的合法性体现管理的政治导向性

我们必须坚持方向性原则，自觉接受党的领导，其实质在于坚定不移地执行党的方针、路线、政策。学校的所有规定主要是实施党的方针、路线、政策的主要工具，它是社会政治方向、价值观的具体体现。因此，应设置与国家法律法规一致的各类高等教育大学生教育管理相关规定。借助合法的系统来维护大学生教育管理的方向性，我们需密切注意将方向性原则融合在系统建设和实施的全过程中，使得学生能够坚定社会主义的理想信念，并能在实践中展现其能力。

3.根据时代的需求，适当调节管理目标

坚守方向性原则不仅体现在政治层面，更在于管理能否服务于党和国家的核心使命。在不同的阶段，党和国家的使命及对人才的需求都各不相同。高等学校的大学生教育管理必须贴合时代主题，不断进行目标调整和管理模式的创新。目前，发展已经成为时代的主题，经济建设是党和国家的核心使命，因此必须根据这个核心使命来确定具体的大学生教育管理目标。

（二）发展性原则

坚持发展性原则是大学生教育管理的核心，包括两大要素：一是管理本身需要保持持续的优化，二是利用管理手段促进学生全方位的发展。从管理实践看，随着我国的社会政治、经济和文化的发展进步，社会活动也发生了复杂而深远的改变，进而引起对大学生教育管理的现行情况、环境、目标及职责有了更新的认识。这就需要对管理的体制和方式做出相应改变，并及时调整管理的方式、目标和计划，以确保大学生教育管理工作能够真正发挥效用。通过管理促进学生全面发展，关键是做到3点。

1.形成一种发展的观念

思维方式往往会影响行动的方向，一定的发展思想会产生相应的管理方式和结果。传统的大学生教育管理方式过于重视管理，以约束学生为管理的起点。一些管理者经常以严格的规章制度来约束学生的行为，用指令和约束代替了交流。这些做法会伤害学生的自尊，削弱学生的自我决定能力，不利于全面发展。因此，大学生教育管理应坚持发展的原则，改变传统观念，并有意识地把学生的全面发展作为管理活动的基础。在大学生教育管理过程中，应坚持推动学生全面发展的责任和追求，摒除旧的思维方式，用新的发展思想来指导管理决策，制订管理计划，规划学生的全面发展。

2.持续推进管理创新

从管理角度来帮助学生的全面发展，要注重管理本身的持续发展，切实认识到管理的发展其实就意味着创新。服务于学生全面发展的管理创新就是遵循大学教育管理的普遍规律的基础上，坚持继承与创新相结合，进行创新的工作实践，以推动学生的全面发展和成长成才。目前，大学教育管理的机制、途径、方法和平台都是在过去的环境条件下，为应对过去的情况而设置的。鉴于社会经济的快速发展，大学教育管理工作面对新的环境和问题，大学生的心态也出现了迷惘和困扰，观念上显示出多元化的趋势，传统的管理方式已经不能满足目前的需求。因此，对大学教育管理工作进行创新已成为时代和社会赋予的重任。

3.高效地整合各种资源，以推动学生的发展

在高校管理实践中，我们始终秉持的观点是，对学生的管理不只是约束，更

多的是服务。然而，在实际的管理过程中，管理通常是主导，提供的服务相对较少。从实践经验中我们得知，将诸如职业规划、生活支持、就业指导和心理咨询等全方位服务融合到管理体系中，将更有助于启发学生的主动性和创新思维，进而促进他们的发展。因此，我们需要重新审视学校内部管理部门之间的关系，通过部门间的协作和深度联系，将各种资源聚集成一个有机的整体，确保人力、财力、物力、信息和资源等得到最大限度的利用，以集结力量，推动学生的发展。

（三）激励性原则

在大学生教育管理过程中，采用具体的实物或心理手段，触发学生思想与行为的变化，激励学生的热情和创新思维，使学生的潜力能被最大限度地挖掘出来，以实现管理目标。在高校的教育管理中，如果能正确地使用激励原则，那么管理行为就会更容易被学生所接受，能更有效地实现管理目标。

施加的激励是否能产生预期效果，依赖于其在实施过程中所用计划、办法是否适应大学生的成长现状，是否能满足大学生的需求，以及是否能在其心中唤起自我激励的驱使因素等。因此，在大学生的教育管理中应用激励原则，要求完成以下 3 个方面的任务。

1. 适当采取积极鼓励措施

在大学生的教育管理过程中，科学和合理地利用激励机制，可以有效地鼓舞学生的积极性和创新精神，以及正面改变大学生的观念和行为。激励主要分为两种：其一是物质型的，主要是现金或实物，满足物质需求是人的生存和发展的一个必要条件。对学生进行适当的物质激励，有助于提高学生的积极性和主动性。其二是精神型的，主要通过各种形式的表扬，授予一定的荣誉。积极的激励可以帮助学生将来自外部的推动转变成自身的奋进力量，最大限度地释放自身潜力，进而有效地推动他们成才。在进行大学生教育管理时，要平衡好物质激励和精神激励的关系，根据学生的实际情况采取恰当的激励措施，以确保管理效果。

2. 提倡树立典型，以典型人物作为引导

榜样人物可以使得大家有明确的追求目标和方向。因此，我们需要擅长塑造并宣扬这样的榜样，宣传和提高他们的知名度，同时倡议学生向这些人物学习，努力向他们看齐。

3. 利用情感影响手法

情感是推动人格成熟的动力，也是青年追寻美好生活的驱动力。为了保证管理目标能够实现，一般需要依赖情感的驱动。当管理者与学生的关系平等、开放、和谐时，管理活动就能更流畅地展开；而当双方发生矛盾、相互误解时，学生常常会表现出抵触，而此时管理效果会大打折扣。因此，管理者不仅要通过规则来管束人，也要通过真挚的情感来影响人，注重交流，消除误解，用欣赏的目

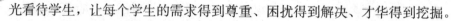
光看待学生，让每个学生的需求得到尊重、困扰得到解决、才华得到挖掘。

（四）自主性原则

在高校教育管理中，自主性原则能推动学生参与到管理过程中，协助唤起他们的热诚和创新性，实行民主管理，达到自我管理和服务。这种自主管理理念是高校教育管理的核心，其具有双面性，可以帮助实现教育目标。教育管理的最终目标是育人，因此需要将外部的行为规范转化为内部思考方式，从而引导被管理者的行为。如果学生的积极性不能被唤醒，可能无法接受管理，从而影响管理的有效性。随着我国社会主义市场经济的持续发展，大学教育正在逐步处于经济社会发展的最前沿，市场经济的自治性、公平性、竞争性和法治精神对大学教师和学生的影响越加深远。因此，大学生对自我管理的认识日益强化，他们渴望在各种事务管理中担任主角，实行自我管理，发挥主观能动性，实现自我服务。在大学生教育管理中，坚守自主性原则需要实现以下 3 方面的要求。

1.激发学生的自主管理意识

在大学生教育管理中，我们需要创造宁静、愉悦、快乐的环境，让学生的自我需求被尊重。同时，让学生能体验到自主管理的满足感，享受自主管理带来的收获。

2.构筑以学生为中心的运营平台

辅导员要着眼于对诸如班委会、团支部及学生会等学生部门的筹建，以提升其融合效果和吸引度，制定定期流动机制和激励措施，确保学生在自主管理过程中保持活跃的参与度。辅导员也必须敢于"放手"，愿意把大学生的教育管理工作交给学生自己去完成，实现学生的自主管理和自我服务。

3.对学生的自主管理需要有所指导和强化

自主管理并不等于无拘无束的自由，因此强化对学生自主管理的指导是必要的，这样才能保证管理的方向和效果。如何才能保证管理的方向和效果呢？这涉及四个方面：明确目标，设定期望，使学生了解他们应该达到的水平和预期的结果；建立准则，清晰思维逻辑，教导学生如何完成他们的任务；进行有效的监督，跟踪学生任务执行的情况，持续关注任务进展；适时反馈给学生，协助他们及时改正方向，确保他们的任务能够按照正确的轨道进行。

第三节　大学生教育管理的过程与方法

一、大学生教育管理的过程

（一）大学生教育管理过程的含义

在大学教育中，教育管理过程是指管理者应如何处理和调解那些可能限制或者影响学生个体发展的因素，同时考量他们之间的相互关系，对其进行有针对性的调整以达成总体目标。实际上，大学生教育管理过程需要应对各种组织环境的变动，控制被管理对象的变化和进展，并按照整个组织的愿景来调整管理行为，确保管理工作在变化莫测的情况下依然能有效进行。在大学生教育管理中，领会并熟知管理过程的每一个步骤是非常关键的。由于最终的管理目标并不会随着管理行为的实施直接达成，而需要通过连续不断、反复进行的动态过程来实现，对于大学生教育管理过程的重要性的重视就显得尤为重要。只有深入了解管理过程，我们才能准确把握管理行为的各个组成部分，以此提升我们在大学生教育管理工作的效率。同时，这也能帮助我们全方位理解由各组成部分构成的整体管理活动，确保大学生教育管理工作能够面面俱到。

（二）大学生教育管理过程的主要环节

1. 大学生教育管理决策

对于大学生教育管理，其决策过程是基于足够的信息和深入的情况分析，以科学的手段，从多个可行性计划中寻找并选择出一个合适的计划，以实现预设的目标。这个决策过程涵盖了对当前状态的研究，确定问题和目标，创建、比较和挑选合适计划等阶段性的任务。

（1）深入探究现状

只有存在需解决的问题时，才需要制定决策。换言之，决策是为了应对确定的问题而设立的。所以，在制定决策之前，首先需要检查问题是否真实存在、问题的性质为何，以及这个问题是否已经对社会、学校、大学生及其未来发展带来了不良影响。检视大学生在学业、日常生活、技能培养、实践活动及未来的职业发展和创业计划等可能出现的问题和面临的挑战，清楚问题的性质，将这些问题作为决策的出发点。当然，研究这些问题的主要责任人应当是学校的高级管理层。这不仅是因为他们需要为学校的发展和学生的未来负责，也因为他们在学校中的位置使他们能够全面了解情况，从宏观的角度找出问题的关键。

（2）设定目标的重要性

在分析大学生的学习生活、技能发展、实践活动和未来可能面临的阻碍与挑战，以及潜在的不协调因素之后，需要进一步讨论如何处理这些问题。我们的行动应满足何种标准、应取得何种效果，就是要明确决策目标。这是因为目标设定具有以下优势：一是确保学校内部各个目标的一致性。二是为学校的资源管理和分配提供依据。三是有助于创造一种包容性的思考模式或气氛，如创设一种有条理的学习环境，养成积极参加社区实践的习惯，营造创新精神等。四是帮助与学校目标相符的学生构建自己的学习、实践和生活的重心，同时提供对他们进行干预的理由，防止他们过度投入与学校目标不符的活动。五是推动学校的总体目标以及各个阶段目标转变为一种分工机构，包括将任务在学校内部分配给各个职位。六是通过能有效度量和控制组织各项活动的成本、时间和效果的方式，详尽阐述组织目标及如何将这个目标分解为各阶段目标。

在确定目标的过程中，需要关注以下重要环节。首先，需要设立目标，包括希望尽可能达到的最好情况（理想化目标）和你必须完成的情况（必要的目标）。其次，要深入研究各个目标之间的相互关联。在大学生教育管理的过程中，尽管目标多种多样，但在不同年级、不同专业的学生视角下，这些目标的重要程度并不是一样的。在特殊时段，可能只能选取一个最主要的目标，但是这些目标可能存在既相互联系又相互冲突的情况。举例来说，对即将毕业的学生来说，报考研究生的考试、学习公务员考试的内容、申请工作的职位，这些在某种程度上是相互关联，同时也存在冲突的。因此，选中主要目标后，需要明确其与非主要目标之间的关系，防止在实施过程中主要的精力和时间被非主要目标占据，造成因小失大的结果。最后，就是目标设定的限定。目标的执行可能会带给学校和大学生带来优秀的成果，但也可能产生相反的效果。限定目标就是要衡量优点与缺点，决定哪些负面结果是可以接受的，一旦超出可承受的极限，就必须立即终止原定的计划，停止目标的活动。所有的目标，无论其性质如何，都必须满足三个基本属性：可衡量、设定清晰的期限并确定负责人。

（3）拟定决策计划

决策的核心在于如何选择，如果想要作出正确的选择，就得提供多样的选项。从实践角度考量，实现任何目标都存在诸多方法，缺乏充足的选择计划的情况少之又少。因为对主管人员来说，若看似只有一种操作方法，那么这个方法极可能是错的。在这种场景下，主管人员可能不会再去深思熟虑其他有利于优化决策的手段。

决策计划阐释了学校为完成既定目标所规划的具体实施方法和主体步骤。这是因为实现目标的方式不只一种，而是可以涵盖许多不同的行动，因此制订多种计划是必要的。在这个过程中，首先，我们需要保证有充足的计划供我们挑选。为了确保计划选择具有实际意义，每种计划都应具有独特性而非重叠。如果一项计划的活动可以被另一项计划包含，那么前者就没有存在的必要和价值了。其次，制订初期计划。一般而言，制订任何计划都应该基于对环境的深入分析和问题的发现，然后根据问题的具体特性及解决问题所要求的目标，提出各种改进的想法，再经过分析、整理、分类，得出各种各样的初步计划。最后，产生一系列可行的计划。基于对各种初步计划的筛选和加强，对筛选出的计划进行进一步的完善，预测其实施的结果，如此就能生成一系列的可行计划。

在决策选择哪个策略之前，首先需要弄清各个计划的优缺点。这包括一系列深入的评估和比较，主要涉及三个要点。第一，确保评估执行计划所需条件和应对这些条件产生的成本；第二，调研该计划为学校和学生带来的收益（长期和短期）；第三，思考实施过程可能出现的问题，以及这些问题可能引发的失败风险。经过全面的评估和比较，我们可以识别各个计划的差异性，理解其各自的强项和弱点。在选择过程中，我们不仅要弄明白哪个计划可以实现整体收益，还要准备好替代计划，以适应环境的变化。替代计划的存在，是为了在可预见的变化出现时，能及时并充足地进行预防和应急反应，避免改变发生后陷入困境，或者失去应对计划从而导致各种损失。

2. 大学生教育管理计划

计划过程是将决策具体实施的过程，一经决策，必须迅速开始计划。通过计划，将决策目标具体化和实践化；没有计划，决策就会缺乏价值。

大学生教育管理计划在高校中的作用是基于既定决策目标，考察实际状况后，科学且及时地预测和构想针对特定目标的未来行动计划。换句话说，通过分配学校在限定时期内的任务给学生管理的多个部门、环节及个体，旨在为这些部门、环节和个体的工作和活动的审校与控制提供依据，同时为实现决策目标提供组织支持。

高校对大学生的教育管理计划是一个有组织且需要协调的流程，它明确地指明了学生管理部门、管理人员及学生自我管理的方向。明白了机构的愿望及达成愿望所需的努力后，所有相关参与者能够开始调整自身行为，协作并形成一个团队。如果没有明确的计划，可能导致走偏并降低达成目标的效率。高校大学生教育管理计划可以引导学生管理部门和管理工作人员预见未来，感知潜在的变化，并提出相应的应对策略，同时避免不确定、重复和浪费的做法。通过建立明确的目标和标准，该计划还能为管理行为的控制带来便利。计划中设定的目标在控制过程中作为衡量实际效果的参考，可以及时发现可能出现的较大偏差，并进行必要的纠正。可以说，没有计划，就没有有效的控制。

（1）大学生教育管理计划的制定

通常情况下，我们可以依据以下步骤来制订大学生教育管理计划。

①整理相关信息，为计划的构建提供参考。计划是为实现决策的组织部署而构建的，要知道决策者的选项，理解有关决策的特征和需求，考察决策提出的整体环境和实施决策所需的条件，这是构建行动计划的基础。鉴于计划任务所需的人员涵盖不同的专业领域和学年，因此计划的制订者也需要搜集反映不同专业和不同学年学生的活动能力，以及外部相关资源供应状况的信息，进而为制订计划提供参考。

②目标或任务的分解。这是一个把学校的整体目标从管理层分配到各个部门和行动环节的过程，同样也包含把大目标切分为各个阶段的小目标的操作。这个分解过程帮助我们明确学校在将来的每个阶段需要完成的明确任务，以及完成这些任务所需达到的具体标准。通过这个方式，我们能够构造出学校的目标体系（包含时间和空间的框架）。这个目标体系总结了学校在层次结构上较高和较低的目标（总目标、长期目标及部门目标、活动环节目标、个人目标和阶段目标）之间的交互影响，像是高层次目标对低层次目标的引导关系（如总目标对部门目标、长期目标对阶段目标）及支持关系（如部门目标对总体目标或阶段目标对长期目标）。

③目标架构审查。目标架构审查关注的是调研较基础层面的目标是否有可能为较高级目标的实现提供保障。也就是说，是否有能力确保在各个阶段学校设定的特定目标得以实践，以便确保长远的目标能够完成。学校各部分划定的明确目标是否也能实施并最终确保全局目标的实现。如果存在无法实现的较低层级的特定目标，应思考能否寻找一些补救计划；如果无法实施，应考虑是否需要调整上一级的目标设置，有时可能需要对全部决策进行重新调整。

④全面调和。总体而言，达到全面调和的关键依赖于以下三个要点。首先，我们需要研究由目标框架决定或相关的学校各领域在不同的时间范围内的职权是否有所衔接及是否紧密相连。换言之，我们需要探讨工作的时间平衡和空间平衡。时间平衡即是研究学校在不同阶段的任务是否相互关联，从而能否确保学校的活动可以顺畅地进行；空间平衡则要探究学校的各环节的职责是否保持合适的比例关系，从而能否确保学校的全部活动可以平稳地进行。其次，研究学校的活动推进与资源供应的关联，探究学校能否在适宜的时节内收集到合适种类和数量的资源，从而能否确保学校活动的连续性。最后，分析在不同阶段下，各环节的职责和能力的平衡性。也就是说，探讨学校的各个部门能否在任何时间都有充足

的能力去实施指定的职能。由于学校的外部环境和活动条件可能会出现改变，这就可能会引起职责的转变，因此在职责与能力保持平衡的同时，还应预留一定的余地，以保证在必要情况下即使调整也能够顺利进行。

学校能够基于全面平衡的原则，为各个部门创建不同时间段的行动计划（例如，长期的、年度的、季度的行动计划），然后实施和执行。

（2）大学教育管理计划的执行

我们旨在执行已设立的计划，而执行该计划需要管理人员和大学生共同努力。因此，能否保障计划的全面、高质量的实施，大部分取决于在整个执行过程中能否有效激发大学教育管理人员和大学生的热忱。

（3）优化高等院校对学生的教育管理计划

在实际执行过程中，计划需要根据实际情况不断调整。这种调整不仅是因为环境因素的持续变化，也因为我们对事物理解的刷新和加深。为了更好地满足环境的需要，提高学生各项活动的效率，我们需随时对计划进行优化。滚动计划就是一种保证计划在实施过程中能够及时适应实际情况，做出必要的调整和优化的现代化方法。这种方法是根据计划执行的结果和环境的实际需要，定期刷新未来的计划，逐渐进步，使短期、中期计划紧密连接。由于在制订计划过程中，未来的各种影响因素难以精确预测，计划的长期性促使这种不确定性加大。如果仍坚持执行多年前的计划，可能会带来一些无谓的损失。采用滚动计划就能有效避免这种由不确定性导致的不良后果。制订滚动计划的基本步骤是，在确定了学校在某一时间段的行动计划后，根据学校内外部环境的改变定期对其进行修订，使计划可以持续进展。滚动计划主要目的在于长期计划的制订和优化。长期计划的环境常常比较复杂，对此，我们可以采用灵活的滚动计划方法，以便根据环境的变化和学校内部活动的实际需求做出适时的调整。这样，学校就能始终维持一个能引导所有部门和各个阶段活动的长期计划。显然，这种计划模式也适用于短期计划的制订和调整，如年度和季度计划的设定和调节。

3. 大学生教育管理组织

高校的学生教育管理团队其实就是学校内的学生管理部门和管理人员，其目标是有效实施预定的计划。通过构架管理系统，制订职位、任务和权力，协调各方的互动，把机构内的各个元素集成为一个有机的整体，确保人力、资金、物资、信息、时间和技术等资源能够被最优化地配置和利用。

科学合理地建立高校大学生教育管理机构，以及有效地进行组织工作，都是直接影响大学生个人进步和未来发展的重要因素，也是实现高校大学生教育管理目标的关键。因此，为了能更有效地开展高校大学生教育管理，必须将高校大学生教育管理组织机构的构建科学化、合理化，这需要创建一套科学的高校大学生教育管理机构并让其充分发挥作用。

（1）大学生教育管理机构及其功能

现阶段，各高校学生教育管理已建立起相对统一的组织架构，具体如下：学校党组织和校行政→党委副书记和副校长，学生工作处及团委→院系党总支副书记→年级辅导员→学生会。

①学生工作处。学生工作处不仅是管理行政机构，同时也是进行思想政治教育的部门。他们的任务不仅包括处理学生的入学、求职、奖励和惩罚、指导日常生活及行为规范等行政职责，还包括对新生的教育引导、每日的思想教育及毕业生的就业观念引导。这样的配置使管理和教育相结合，提供了组织上的保障，有助于在学校党委的广泛指导下，学生事务的运作能够有序、有计划地进行，避免了教育和管理相脱节，出现二元分离的情况。

②团委。在高校的教育管理领域，团委主要的职能包括：在高校党委的领导下，担纲大学生团队的创建与监督；负责对学生会及各学生社团的治理和指导；策划和推动学生参加社会实践和志愿者服务等活动。

③学生会。学生会拥有一套比较完善的组织体系，涵盖了校级学生会、系（院）学生会及各个班级的班委会。学生会有着一个较为严格的管理框架，每一个部门和成员间都有着明确的职务分工和协同合作，既保持相对的独立性也构成了一个整体。要让大学生的教育管理工作在高校得到有效的执行，就一定要优化、稳固并依赖学生会这个组织。在对学生组织的管理上，校方和管理部门不仅要提供必要的指导，还应该在财务上提供适当的支持。同时，也应赋予他们一些权利和地位，充分激发他们的积极性和主观能动性。因为学生会的架构设置涉及广大学生的各种各样的问题，代表了广大学生的利益，所以如何使学生会真正发挥起学生和学校之间的桥梁作用，对于有效进行高校学生的教育管理至关重要。

④大学生自我管理委员会。有些高校开始设置大学生自我管理委员会。通常该委员会在学生行政部门或学生团体组织下成立，其组织构成包含生活保障部、宿舍管理部及纪律审查部等各个部门。生活保障部的主要职责是推广教育、建设文明用餐环境，旨在改善餐厅环境、维护用餐秩序，纠正和阻止不文明的行为，打造和持续保持良好的生活环境。宿舍管理部的首要任务是与学校的寝室管理办公室或产权管理部门共同管理宿舍，以此营造一个清洁、宁静、舒适的学习和居住环境。纪律审查部的核心工作是整治校园环境，可以定时、定点或随机监控学生的违纪行为，同时还负责保持餐厅秩序、学校巡逻及检查学生上课的迟到、早退等相关事务。

（2）高校大学生教育管理人员的职务设计是一个重要话题

著名的管理权威哈罗德·孔茨曾指出："为了让个人能有效地工作以实现目

标，就需要制定并维护一种工作框架，这就是组织管理的核心。"为了提高高校的学生管理效能，各高校正在对学生管理人员进行新的工作布局，目标是实现学生管理人员的专业化、专职化和专家化。高校的学生教育管理工作是一个集合了理论、知识、实践、时代和时效五大元素职能，致力于学生的进步和成长，理应被视为一个独立的领域。学生管理人员应是拥有广泛技能且能够提供学生教育管理服务的专业人员，同时也应是能对学生求职咨询、生活学习指导、人才培养、心理咨询、时事政策教育等方面提供专业指导的人才。只有这样，才能满足学生管理的需求，提升管理效果。在实际工作中，管理人员不仅要处理日常事务，也要积极研究出现在学生工作中的新问题。管理人员应像专家和学者一样，将学生管理工作视作一个事业去经营和追求，去熟知学生管理工作的规律和技巧，成为学生管理领域的专家和学者。

（3）相互协作，不断提高工作效率

针对高校的人力资源布局，为了提高大学生管理水平和效率，各高校应根据教育部的要求和具体工作需求做出适合且审慎的人员布局，以保证管理人员有足够的数量。在保证人员数量的前提下，专业和兼职人员应相互协作，不断提高工作效率。当前，学生管理工作主要由各学院部门承担，由院党委副书记、全职和兼职辅导员共同协作完成。另外，由于大学生求职环境日渐紧张，许多高校计划在大学生教育管理团队中引入职业指导员，旨在为学生提供就业指导和必要的支援。

二、大学生教育管理的方法

（一）大学生教育管理方法的内涵

大学生教育管理方法是在高校中为了实现管理目标、确保管理流程顺畅所应用的方法。它是管理过程中必不可少的工具，源自管理实践，并与管理理论的建立有紧密关系。在一定程度上，现代管理理论中相继出现的各个派别，代表着管理方法的屡次创新。

管理方法是对管理理念和理论的具体体现，是管理原理指导管理活动必不可少的桥梁，是实现管理目标的路径和手段。只有运用管理方法，管理理论才能在实际操作中显现其价值。管理方法的重要性是任何管理理念和理论都无法替代的。如今，管理方法在吸取和应用跨领域理论和知识的基础上，已经逐步发展成为一个相对独立且系统齐全的领域。

（二）大学生教育管理的主要方法

1. 目标管理的方法

彼得·德鲁克，于1954年首度提出了目标管理的理念。他的主张是将组织的任务转化为总体目标，并根据任务性质和组织架构，分解为各部门、各层级的子目标，以便最大化利用组织成员的能力，统一他们的付出。在此情况下，各级领导按照子目标的需求，对下级员工的工作进行指导和管理。在目标管理的过程中，所有的人员和部门都必须全力以赴完成组织的总体目标。在他们自己的工作上，他们应设立目标，制订计划和规章，以最有效率的方法实现目标。通过审查、绩效考核、评估和评价目标达成的程度及改善的空间，作为设定未来目标的重要参考。

（1）目标管理的程序

①目标的明确。制订学校整体及各个部门的努力方向，正是设定目标的一环。完整的目标指的是学校期待在将来达到的状况和标准，它的实现依赖于全体成员的集体付出。为了协调各个学生在不同时间和地点的付出，各部门的任一工作人员都必须设置与学校目标相辅相成的子目标，这样才能创建出一个以学校目标为中心的连续的目标体系。在设定每个部门和每位成员的目标的时候，学生教育管理部门和学生管理员工需向学生表明自己的方针和目标，学生也应根据管理部门和管理人员的方针和目标来构思自己的目标计划，由学生管理部门和学生管理人员在此基础上进行整合，最后作出决策。换句话说，设定目标就是要求每个学院、每个班级都要在不同阶段设立不同的目标，包括学习目标、实践技能目标、行为规范目标、健康卫生目标及道德修养和生活追求目标，并以此作为奋斗的目标。同时，也需确保目标设定具有明确性和可量化。目标设定需要适当，既需具备挑战性，又要可以通过付出努力能够实现。最后，需要为目标设定一定的时间范围，也就是说，目标需要在一定时间内完成，不能无限期地推延。

②实现目标。所有层级和不同学院的大学生为了实现各自的小目标，必须进行某些活动，并在这些活动中适当利用资源。为了确保他们有组织目标活动的能力，我们必须给予他们相应的权力，以便他们能动员和使用必要的资源。设立目标后，大学生会知道努力的方向，如果有了权力，他们还会产生与使用权力相匹配的责任意识，进而能够充分发挥自己的判断力和创新能力，有效推动实现目标的活动。

③结果反馈。结果反馈不仅是奖罚的根据，也是沟通的窗口，同时还是自我管理和自我驱动的方式。结果反馈包括学生管理机构及其成员对学生的评价，学生对学生管理机构及其成员的评价，同级部门间的互评及各层级个体的自评。这样的双向评价有助于信息和观点的交流，对于组织岗位的管控也是有益的。同

时，部门横向间的互评，同样有助于确保各环节的活动高效配合。在各层级中，学生的自评则有助于推动其自我驱动、自我管控及自我完善。

④实行激励制度。学生管理部门和学生管理者对每个个体的激励或惩罚，都是根据前述的多样评估结果来确定的。这种激励和惩戒可以是物质的，也可以是精神上的。公正而透明的奖惩机制能够激发和保持大学生对学习和工作的高度热忱和积极性，若激励与惩戒丧失公正性，那么将会影响大学生行为的改善。

⑤确立新的目标。启动新的目标管理流程。成绩评估和团队成员的奖励不仅汇总了某一阶段组织活动的成效和成员的贡献，也为未来的工作提供了参照和学习的机会。在此之上，为各个组织及它们的各个层级和部门设定新的目标并安排执行，从而开启了目标管理的新一轮循环。

（2）实施目标管理应遵循的原则

①权力下放原则。就是在大学生执行目标的过程中，学生工作管理者应该适当地赋予学生权限。

②协助原则。协作意味着学生工作管理员必须为学生提供相关信息和支持，并且需要帮忙解决他们在实际操作中可能遇到的一些难题和问题。

③训练原则。身为大学生工作的管理者，我们既需要持续完善自我，以便提升个人的目标管理能力，同时也要训练学生，协助他们学习相关知识和技巧。

④控制原则。完成目标有一定的时间限制，为了保证目标能够顺利完成，学生管理机构与学生工作管理者必须在每个阶段对学生的行为进行监督检查，并对出现的问题及时进行协助纠正。

⑤成果评价原则。成果评价原则包含了众多原则，如秉持公开、公平、公正及共享成果的法则。实施公开的原则即要求开放性评估，如学生自我评估，以及学生工作管理人员的客观评估。秉持公正和公平的原则，即以事不以人的准则对目标完成度进行客观比较。实施成果共享原则要求充分认可学生的成绩，将成绩归属于学生。

2. 民主管理的方法

在当下的高等教育管理工作中，实行民主管理势在必行。在人们内心深处，对民主的追求被视为更为高层次的需求。民主与人的素质紧密相连，作为拥有较高文化修养的群体，大学生对民主的追求更为强烈且更具深度。实施对大学生的民主管理，不仅可以推动他们在学习、生活和社会实践方面的顺畅进行，也有利于他们的全面发展。为了有效地进行民主管理，有些关键因素需要重点关注。

（1）必须尊重大学生的自主权

采用民主式的管理手段，意味着在管理大学生的过程中，管理者需要细心照顾到人的因素，即尊重学生的自我决定权，将他们视为拥有独立个性的个体。然而，现在一些管理者忽视了学生的主导地位和他们的独立个性，例如，有些规章制度就是在学生完全不知情的情况下制定并强制执行的，学生在这个过程中无法发挥主观能动性。再比如，为了完成上级交给的任务，忽视学生的自主意愿，单方面地推行某种活动。为了实施民主管理，高校教育管理者需要改变自己的心态，充分重视大学生的主导地位，尊重他们的独立性，让学生成为实现教育目标的主力军，促进学校尤其是大学教育管理者与学生间的沟通交流，听取他们的观点，满足他们的需求。尊重和重视大学生会激发他们对学校及学生管理者的信赖和合作精神，从而支持他们的工作，达到建立学校、大学教育管理者和大学生之间的互信、互助关系，同时也会取得良好的管理效果。

（2）正确认识学生的价值

在高校中，管理者的关注点应该是学生的身心发展及个性的自由发展。在对学生的教育和管理过程中，我们必须尊崇民主理念，将大学生视为教育和管理的目标和重点。然而，目前在许多高等院校中，有些管理者没有把握民主的精神，忽视了人的主观能动性，过分依赖规章制度，轻视了教育的本质，他们充满简单性和粗暴性的管理方法，过度注重惩罚，这与教育的原则相违背，导致师生关系紧张。这类管理方式必须被抛弃，同时用民主的方法来替代。我们应当着重发展学生的主体性，鼓励他们自我管理、自我教育、自我服务和自我发展，尽可能发掘他们的主观潜力，为他们未来融入社会、投入职场打好坚实的基础。

（3）采取以学生主导的创新性的管理方法

从大学生的心理需求来看，他们正处于寻找自我、了解自我的时期，在这个阶段，他们会产生了解自己、控制自己的强烈需求，而且他们处理自我和环境的方式与中学生明显不同，他们期待外界更多地尊重他们的想法和个性。面对学校的纪律和行为规范，他们会思考其合理性，不愿意被动地去服从和遵守，而更加希望能够参与到管理中来。基于大学生的特殊心理需求，高等教育管理应当突破传统的威权管理模式，激发大学生参与管理的主动性和责任感，鼓励他们对学校工作进行策略思考，并创建一种民主参与的管理环境，让学生真正融入高校的各个层面，让他们感到他们在校园中的价值和重要性。比如，可以建立与他们平等对话的环境，让他们参与到教学、管理、后勤、社团等各项工作，这样既能够降低潜在冲突，也能改善学校和具有管理职责的学生与学生之间的关系，创建一个共同合作、相互依赖、互相尊重、平等对话的良好沟通环境和双方主体之间的伙伴关系。

3.刚性管理的方法

刚性管理就是以法规为中心，利用制度束缚、规则监督、奖惩制度等方式对机构成员执行管理。刚性管理是一种着重于严密指挥，实施高度集权制，以法规为中心的管理方式。法规经常采用规定、法条、准则、纪律、标准等方式体现，强调外部的监控和约束，具有极强的引导性、控制性，制约力是明确的。常言道：无规矩不成圆。任何组织，其正常运作和效益发挥都与严明的制度和规范密不可分。严格管控是确保机构健康、顺畅运作所必备的管理机制的一个重要组成部分，它是以"合法"为基本出发点的管理方式和手段。

大学生在成长关键期经常容易被外界环境所左右，同时他们在自我评估和自控方面常显不足，由此也使得他们的懒散倾向更突显。在他们的成长过程中，性格呈现出复杂矛盾的特点。他们具有强烈的自我意识，但欠缺自我监督和自我约束能力。他们渴求自我塑造、自我挑战、自我选择及自我进步，然而这些意愿却常被他们的能力、素质和社会环境所局限。基于此，强化管理是必要且有效的。采取刚性管理并非旨在惩罚学生，而是为了依照法律原则正确指导他们，约束他们的行为，进一步维护学校的正常秩序，提高教育教学质量和学生的学习与活动效率，进而推动学生的发展。

刚性管理主要采用明确的外部规定，通过实施各种政策、法规、条例和制度来规范行为。管理者的决心通过这些明确的规定表达出来，学生的所有行为都可以依据这些规定进行，决定对错的评价有一致的准则和统一的尺度。这些具体的东西不仅实施方便，为学生指明行为方向，而且让学生感到安全和依赖，让他们在规定的框架内自由行动，既安心又充满希望。实行刚性管理，应重点关注以下3个环节。

（1）根据法律条款制定学校的运营策略并建设宏观的管理框架

利用管理的主要架构作为支柱，创建新颖的学生大规模管理体系，通过合法的方式，保证宏观管理的高效和有序进行。当教育活动不断变换和扩大，教育行为的社会背景也相应发生变化。学生逐渐从学校管理的被动接受者转变为具有权利的主体，他们不仅肩负着责任，也享有相应的权利。2005 年 9 月，教育部颁布了新的《普通高校学生管理规定》，明确规定了学生所拥有的六项权力和应履行的六项义务，这为学生的管理提供了法律保障。

（2）制定校纪校规，严格管理

为了维护教学秩序和教育环境应对违反校规或是有多次错误行为的学生（包括考试作弊，旷课，斗殴等）进行惩罚。但是，处理学生行为失范的惩罚标准应在法律范围内并且规定明确，不能随意滥用管理学生的权利。在引发学生权益管理事务时，应当严格遵循权益、条件、时限及告知、通报等程序责任，执行的过程必须合法，证据完备，依据明确，处罚恰当。

（3）构建日常工作制度

大部分的学生管理日常任务是可以预期并且具有一定规律性的。设定标准化的日常工作制度过程，不仅能在执行和管理学生工作时提供制度性的保障，也便于进行监督，更能提高工作效益，降低办事成本，减轻违规行为。

4. 柔性管理的方法

柔性管理的理念是作为对刚性管理的回应而出现的。随着21世纪的到来，人们在管理方面的需求已从严肃、规范和科学化转变为更多的重视人文关怀和对个体的尊重，期望通过人与人之间的交流获得更深的感情共鸣和精神共融，从而实现组织的目标。全面促进个人发展的管理方式也开始得到大众的广泛认可和使用，因此柔性管理应运而生。在教育管理领域，尤其是对待大学生这一既具有思维能力、情感体验又有追求的年轻人群，传统的刚性管理不能解决所有问题，因此运用柔性管理迫在眉睫。柔性管理主张"以人为本"，重视对人性的关怀及心灵沟通，倡导通过建立和谐的组织氛围和共享的价值观来增强组织的凝聚力和团队精神，进而激发每个组织成员的积极参与和创新精神。柔性管理是在刚性管理的基础上的一种改进和优化，使得组织更加生机勃勃和充满活力。如果把刚性管理看作是静止的外在表现，那么柔性管理就是活跃的内在认同。对于大学生的教育管理，无论是刚性还是柔性管理，其目的都是推动大学生的全面发展。因此，这两者在教育管理中就像汽车的两个轮子、鸟的两只翅膀，是相互补充的，需要实现"共融、共生、共建"，以实现刚与柔的完美结合。

对于大学生管理工作者来说，学生中心化和对人文关怀的重视成为柔性管理的关键。在强调尊重大学生个人尊严的基础上，需全力引发他们的主动性、积极性和创新动力，使他们在学业、生活方式、技能提升、人格塑造、校园生活及社会应用等各方面的角色由被动变为主动，由消极态度转变为积极行动，由他人引导变为自我约束，推进他们自我控制和自我完善，努力趋善避恶，以此逐步将他们培养成社会所需求的高素质、高能力的优秀人才，同时具有良好的潜质和优良的品德。实施柔性管理，我们需要遵守以下5个基本的规定。

（1）树立以学生为本的管理理念

高校的学生管理工作需要实践以学生为本的管理理念，坚持"全力服务学生，关注学生各方面需求，关心每一位学生"的原则，将其作为工作的首要任务，所有的学生工作都要以促进学生全面发展为目标。为了达到这个目标，我们需要逐步摒弃以管理者和制度为主导的管理模式，转变成以服务型和示范型为主的管理模式，真正做到以学生为本，将保障和增进学生利益作为首要工作任务，以推动学生全面、和谐发展为目标。将管理活动与学生的幸福、自由、尊严和价值追求紧紧结合在一起，用真诚打动学生，尊重学生的人格，激发学生的学习热情，关心学生生活，引导他们走向成功。管理者应尽全力、全方位地在学生学习、生活和实践方面予以帮助和指导，最大限度地满足他们的成长需求。

（2）进行个性化管理

柔性管理的关键任务是协调，而这必须以每个单独的个体为基础。也就是说，专门从事学生管理的教师需要与每一个学生进行互动，通过这种互动形成共识，寻找共享之处。心理学研究揭示出，人们往往对于与自己相似的个体产生好感，这是由"趋同效应"所诱发的。因此，学生管理者应以每一位学生为出发点，进行个性化调整，根据学生的具体情况、兴趣爱好、个人目标、个性和能力、优点和缺点，以及未来的职业计划等因素，进行个性化的管理。他们需要考虑学生的思维转变、精神层面及共有的需要，同时理解他们不同的性格、兴趣、未来职业选择和目标，实行有针对性的（如果有必要，可以侧重于"一对一"的）个性化管理。

（3）发挥校园文化的引导作用

虽然高校校园文化如同无形之气，但它是构建高校精神内核的基本元素，深深影响着高校特性的形成，以及教职工、学生、员工的精神凝聚力。一个健康、活力四射、具备时代特征的高校文化，对于塑造学生的价值观、引导行为、提高素质等诸多方面，具有不可估量的巨大影响力。因此，在柔性管理中，我们应当发扬校园文化的引导作用，将校园文化的精华注入学院文化、班级文化、学术文化，以及每一项活动之中，从而培养出积极向上，有良好习惯的大学生。让他们不仅仅是学会能做些什么（掌握知识，增强能力），更是要学会如何做人（拥有良好习惯，塑造健康的性格和优良的品行）。这样，才能推动大学生的自我完善和永续发展。

（4）建立全面的激励制度是必要的

如果没有激励，可能会出现缺乏积极性的情况。总的来说，对大学生的管理就是以激励为主导来开展的，激励是关键因素，通过激励可以持续稳定地提升大学生的自主性、积极性、主动性、创新性及潜力增长。从管理学的角度看，所有人的行为都是出于动机，并由需求触发，任何行为的目标都是满足这些需求。因此，必须培养能满足社会需求全面发展的人才，从大学生的实际需求、动机、行为、目标开始，建立健全大学生激励机制，关注大学生的思想、感情、心理状况和行为，为他们设定目标，辅导他们规划职业生涯，进而为每个个体的发展扩大可能性。创造一个激励学生提高素质、能力、塑造人格、激发创新、追求卓越的文化环境，鼓励学生巩固专业基础知识，持续提升能力水平，强化思想道德修养，最终使他们成为有理想、有目标、有追求、有能力的"四有"新人。

（5）强调身体力行

在《有效的管理者》的序言中，彼得·德鲁克明确提出：管理需要身体力行，如果管理者不能在工作中表现出高效，就会误导其他人。高校学生管理的方式多种多样，包括树立典型、学习材料、演讲规范、单独谈心、反面教材、环境创造等等，尽管常用的是言教，但效果最为显著的还是通过个人示范达到教育目的的身教。孔子曾言："其身正，不令而行；其身不正，虽令不从。"现代大学生崇尚人格魅力，对于高校管理者而言，如果想有效管理大学生，首先要赢得他们的尊重。而要做到这一点，除了具备品德和才能，更需以真诚无私换取学生的真诚无私，以善良正直塑造学生的，以务实强干引领学生的行动，以纯洁美好去塑造学生的精神风貌。只有如此，学生才能感受到榜样力量，让他们产生强烈的共鸣，消除对抗和逆反的情绪，使他们真正做到言行一致，理论与实践相结合。大量的事实证明，学生管理者的实际行动，不仅能提高管理的实效性，还能避免冗余和无效的工作。

5. 系统管理的方法

系统管理的本质在于辨识、理解并掌控各个相互关联的过程，因此可以将其作为一个系统整体，以此协助组织机构更有效率、更高效地实现既定的目标。

高校学生教育管理有着系统化的特征，这在以下几个方面有所体现：首先，整体性强。大学生教育管理可看作一个由课程管理、生活管理、社团管理、实践管理及择业管理等诸多子系统所构建的系统，这些子系统之间虽具有独立性，但仍需相互配合和依赖，而且互相影响和制约。按照系统理论，若每个子系统均正常运行，那么全局效能将会十分出色。即便部分子系统效能欠佳，只要其能与其他子系统形成良好的整体结构，通常也能取得相对理想的效果，这就是整体优于部分之和的观点。其次，各要素密切相关。大学生教育管理的各项元素虽有区分，却又联动、互动，互依，并各具职能。例如，社团管理与实践管理虽职责各异，但尤为关联，常常我中有你，你中有我。再次，环境适应性强。特定环境将造就出特殊的管理方式，大学生教育管理不可能脱离特定环境，比如专业知识的学习、实践技能的培养和品质养成等，这些都需在特定环境中进行，脱离了特定环境是无法实现的。只有具备了环境的适应性，才能适应环境，有效利用环境提供的有利条件，才能取得丰硕的成果。最后，动态平衡性。所有学生管理系统的组成部分都应随着社会进步做出适应性的调整，同时在时间、空间和资源的配置上保持对宏观环境的敏感性。比如，在当前的经济环境下，社会对于大学毕业生的素质和技能设立了新的标准。不仅需要迅速适应工作，学习力也要强，富有创新思维，这些已成为众多企业共同的诉求。这就需要我们调整学生管理工作，摒弃过度注重知识灌输、轻视能力培养的传统教育方式，做到知识教育和能力培养并重，增加社会实践机会，满足社会需求。同时，也需保持系统内的动态平衡，确保各部分在各环节中都有适当的比例，避免系统内部的失衡影响整体运行。作为一个多目标系统，大学生教育管理系统不仅有总目标，还有分目标，这些目标应融成一体形成一个目标体系，通过不断优化这个体系，实现资源的优化利用。既要充分利用校内资源，同时也要努力争取外部资源，推进学生管理工作的开展，为学生提供更大的发展空间。

实时系统管理，需要重点关注以下 6 个环节。

①构建一个多元化立体性的大学生教育管理架构，以追求最优的结果和最大的效力。该架构应涵盖一种适应大学生学习和成长特点、有利于其发展的管理方式，一种大学生教育管理的组织构造，一套规范化的操作流程，一套科学而全面的大学生教育管理制度，以及一套已被证实为有效的管理操作方法等。

②确切地理解和掌握体系中每个过程的依赖性关联。在一个系统里，所有过程都是紧密相连的，经常会出现牵一发而动全身的情况。因此，身为大学生教育管理者，我们应在学生工作管理过程中努力做到全面考虑，确保体系中每个过程之间能够互相协作、互相配合，期待产生"1+1 > 2"的效果。

③所有部门和员工都需要清楚地理解并认识到，为了实现共同目标，他们应尽的职责和承担的责任。作为同一个体系中的不同层级和部门的管理人员，他们要各负其责、各尽其职，这样才能避免因职能重叠所带来的掣肘，顺利地实现大学生教育管理目标。

④掌握高等教育学生管理的每一个过程，决策者需要对各管理部门的组织能力做出精准的评估，以在实行具体措施前清楚认识到资源的局限性。这样做，可以有效避免因决策失误或预先思考不足而对人力、物力和财力的浪费。

⑤制订目标，设计方案，确定如何有力地在本体系中执行一些特定任务，以便能够圆满完成。

⑥通过评价和测量，提升系统的性能。研究制订以及完善评价和测量的规章制度和方法，寻求构建评估系统的途径，加强对评估标准体系和简化评估方法的研究，保证评价和检查的时效性，从而不断提高大学生教育管理的质量和水平，大力推动大学生教育管理目标的实现。

第四节　大学生教育管理的发展与创新

一、大学生教育管理的发展

（一）大学生教育管理的历史经验

关于大学生教育管理的实践，尤其是自改革开放以来的尝试，已经为大学生教育管理积累了基本的经验。总结来说，主要涵盖以下 5 个方面。

1. 坚持遵循我国的教育方针，以确保大学生的教育管理朝正确的方向迈发

我国的教育方针反映了我国在特定的历史背景下，为实现其基本路线和基本目标所制定的全局性的教育指导思想。这些思想描绘了我国教育的主要走向和培养目标，体现了党对教育的坚强领导，坚持教育服务于社会主义现代化，服务于公众，与生产力相结合，培养德、智、体、美全面发展的合格的社会主义建设者和接班人。高校开展的每一项工作，都应紧密关联国家教育方针。大学生教育管理作为一种管理手段，是为我国的教育方针服务的，是为培育德智体美全面发展的社会主义建造者和接班人服务的。实践证明，一旦大学生教育管理偏离国家教育方针，就会趋向错误，脱离正常运行，引发管理工作的混乱和校园秩序的失控。因此，大学生教育管理工作必须紧紧围绕我国教育的总方向和培养目标，全力贯彻国家教育方针，为培养社会主义建设者和接班人服务。

2. 依照教育规律实行科学管理

管理本质上是一种科学，大学生教育管理只是这个科学管理的一个分支，需要遵循一般的管理规律，最大化发挥教育功效。大学生教育管理的责任与一般的管理职责不同，其目标群体是特定情况的大学生。自从改革开放以后，我国经济飞速发展，社会结构发生了深层次的改变，重新划定了利益关系和利益架构，这对人们的观念有了一定的冲击。在这样的新时代背景下，大学生群体整体上树立了自我提升、创新、成功和创业的理念。不过，在部分学生中也出现了政治理念的困惑、理想信念的模糊、价值方向的偏差、诚信意识的淡漠、社会责任意识的缺乏和吃苦耐劳精神的消减等问题。因此，在开展大学生教育管理时，必须依照时代特征，考量大学生的实际情况，遵从教育规律，探索进行大学生教育管理的科学方法，加强大学生教育管理的科学性，以便实现科学有效的管理，也包括对人才的培养和教育。引领大学生确立正确的世界观、人生观和价值观，使得大学生教育管理既适应大学生的实际状况，又贴合国家人才培养的需要。

3. 提高学生管理水平，依法管理，依法建章立制

这是贯彻依法治国、人才强国战略的必然要求。随着高等教育规模的扩张和教育质量的提升，从精英教育阶段转变为全民教育阶段，学校教育管理开始受到社会各方的密切关注。同时，由于大学生的法律意识不断增强，学生权益保护活动变得更为活跃，客观上需要高校在教育管理中严格遵守法律，积极推进管理制度的改革，完善管理机制，明确管理流程，并在涉及学生利益的管理活动中切实保障学生的合法权益。因此，必须根据学校本身的教育层次、特性和类型持续创新其管理制度，使其更为科学和规范。在完善学生管理制度的基础上，不断提高管理水平，增强管理能力，以实现依法管理。

4. 我们应当积极促进教育与管理的深度结合，形成全面参与与配合管理的长效机制

在高校环境中，学生教育管理的范围涵盖了学生在校期间的所有学习和生活环节。无论是对学生的学籍管理、课外活动管理，抑或是对大学生组织的管理、安全管理，包括教学管理、科研管理和行政管理等各个部门和机构都应积极承担管理学生的责任。因此，当从事大学生教育管理的工作时，必须始终坚持教育与管理相互结合的原则，并鼓励各部门和机构互相协作，推动教学与管理部门的密切协作。需要纠正过去仅把大学生教育管理视作是学生管理部门的任务，或者误认为只有辅导员和班主任应负责学生管理的错误观念，而应实施全面参与与共同管理的长效机制。在达成这一目标的过程中，应明确各部门的权力和责任，确保分工明确。只有这样，我们才能创建整体协作的工作模式，建立全面参与和协同管理的长效机制。此外，建立这种长效机制也需要对组织体系和团队进行构建，比如某些高校已经建立了定期的学校各部门联席会议制度或学生工作领导小组，有效地保障了各部门之间的有效配合和功能的充分发挥，并提高了大学生教育管理工作的专业性和实效性。

5. 随着时代的不断发展，科技也呈现出持续上升的势头

这为大学生教育管理带来了崭新的挑战。因此，针对大学生教育管理的需求，必须积极寻求新的管理模式和策略，以适应新的环境和要求。使用现代科技（包括信息技术、计算机网络技术、测量技术、咨询技术等）已成为推进管理模式创新的主要工具。在处理大学生教育管理的工作时，我们需要充分利用这些先进的科学技术。一方面，我们需要尽量实现办公自动化，加强网络技术等现代技术的应用，让其深入教育管理中；另一方面，在充分利用现代科技的同时，也需要不停地开发出更适合大学生教育管理的应用管理平台。这样，我们才能建立起大学生信息管理系统等现代化办公服务体系。通过科技创新推动管理方式和方法的创新，以应对不同阶段的新挑战和新需求。

（二）当代高校大学生教育管理的新情况

1. 管理环境的新变化

（1）高等教育管理应对能力与全球及国内环境变化息息相关

首先，随着全球化的持续推进，我国在政治、经济、文化、教育等多个领域的国际交流和合作日益频繁，从而推动我国高等教育国际化的步伐加快。此过程中，西方敌对势力的"西化"分化的影响防不胜防，而且大学生成为主要的被影响者，因此我们不得不应对西方文化思想和价值取向的挑战。同时，管理大学生的工作需在尊重我国高等教育特点的前提下，学习海外先进的管理方法。其次，自我国改革开放以后，社会产生了巨大的变革。大学生是改革开放的最大受

益者，但也须面对由此引来的诸多矛盾和冲击。高等教育正从精英教育向大众教育转变，现在不仅各年龄段、教育程度、社会经验和价值观念不同的人都有机会进入高校，在大学生管理中表现出多元化的特点，大学生教育管理也因此产生了新的变化。最后，因为高等教育法制化进程不断深入，公平观念被普遍接纳，个人的维权观念也在提升，如今的大学生不再只是简单地接受学校的管理，也需要在学校享有更多的自由和保护他们权益的制度，维权意识越发强烈。在新时代背景下，高等院校要在学生管理工作中实现"严格管理"与"人本主义"的有效融合。鉴于这个前提，高校学生教育管理的改革进程应紧随社会进步和形势的动态变化，继续扩大学生管理工作的覆盖范围，使得管理方式和手段能充分反映当前时代的特征。

（2）高校办学模式的改变导致了教育管理的环境越来越复杂

首先，高等教育的扩展及高校后勤服务社会化，使得原本的单一校区变成了人数众多的多校区运行模式，校园的边界也变得模糊，有些地方甚至建立了大学城。这引发了大学生生活社区化、成长环境社会化的新问题，学生更倾向于融入社区参与其活动。这使得以往固定式的教育管理方式转为流动式的管理，对学生的安全管理也产生了特殊的挑战，高校教育管理的难度因此增加。其次，随着学分制和弹性学制的实施和标准化操作，教学管理模式发生变动，学生对班级的关注度逐渐降低，他们可以自主选择专业、课程和学习时间，形成了一个以课程为纽带的多变的听课群。也形成了学生管理对象的多样化，不仅包括本专业的学生，还包括因选修课程而跨专业或跨校区的学生，管理对象的复杂性也随之增加。最后，由于依赖一体化的教育计划，以学年和班级作为评价标准的学生评价体系难以实施，这可能会导致原有的学生激励机制失效。目前，依托班级和党团构成的大学生群体管理模式已无法适应这种新变化，基层管理机构的功能也随之被弱化。

（3）强化对大学生的就业、资助和心理的关注，彰显了高校教育管理环境变化的现实性

随着就业高峰的到来，找工作难已经引发社会广泛关注，也成为每位大学生最关注的实际问题。在日趋严峻的就业形势下，大学生对于国家的就业政策和市场规律的适应力明显不足，学生在就业观念和诚实原则上也有不同程度的偏差。学生对于学校提供的就业市场分析、职业咨询、职业规划，以及就业援助等有强烈需求，然而并非所有的高校就业管理都能有效地满足这些需求。因此，高校的就业管理工作需要根据学生的实际需求进行持续改进和深化，为学生的成功就业做好充分的准备。在资助管理方面，虽然我国经济快速发展，人民生活水平亦有显著提高，但在大学生中仍存在不少经济困难者，高校有责任确保没有任何一名

学生因经济困难而放弃读书。传统的资助管理方式仅仅在解决学生的经济困难方面提供帮助，导致部分经济困难的学生产生情绪压力过大，失去上进心等问题。因此，新时期的学生资助管理工作不仅要满足学生的物质需求，更要满足他们的精神需求，这也使得资助管理工作内容大大扩充，难度也越来越大。由于一些大学生出现了不同程度的心理问题，影响了他们的健康发展和日常生活学习，心理辅导和调节开始受到了学生的认可。然而，受到社会环境和生活环境的影响，学生的心理特点和心理问题呈现出鲜明的时代特征，不断涌现新的心理问题，这就需要始终关注学生的思想和行为，并根据学生的特点，真诚有效地解决他们的心理问题。需要注意的是，现在不只有经济困难、就业困难和心理困难的学生这些单一类别，还有在经济、就业和心理等方面都有困难的学生，这也使得学生管理工作的难度大幅上升。

（4）互联网的兴起给高等院校带来了更多的教育管理难题

持续的信息技术创新，特别是互联网的快速发展，引发了社会生产和生活模式的重大转变。一方面，互联网已经变成大学生获取知识的主要渠道，他们不只是互联网信息内容的提供者，同时也是使用者。海量的在线信息对于他们更新思想、扩大视野有着重要的影响，从而激发他们的学习热情、创新性和竞争意识，塑造全新的文化意识和精神风貌。另一方面，网络也给大学生的教育管理带来了一些负面因素。网络信息的开放、快捷和丰富性，可能引起对知识权威性的质疑。网络的虚拟和隐秘性，为有害信息提供了良好的生存环境，并且容易传播。一些大学生因此深陷网络虚拟世界，无法辨别真假信息并被骗，甚至卷入网络犯罪。因此，对于教育管理者来说，互联网既是有利的工具，也是无法回避的难题，给学生管理带来了新的挑战。管理者需要运用网络化思维，针对网络环境改善学生的正面管理，尽力减轻网络对学生的负面影响。

2. 管理对象的新特点

根据《中共中央　国务院关于进一步加强和改进大学生思想政治教育的意见》的全面阐释，大体看来，时下的大学生整体思想较为活跃、健全且求上进。但是在推进社会主义市场经济和进行国际交流的情况下，在各类思想冲突的环境中，大学生独立、多元、变化丰富且差异性的思考模式明显增多，受多种思想影响的程度也明显提高。有部分大学生存在政治信仰迷茫、理想信念模糊、价值观念扭曲、诚信认识淡薄、社会责任缺乏、上进心消失、合作精神不足、心理状态低下等问题。

（1）研究多样化的学生群体

我们可以看到他们身上反映出的独特性，这或许源自他们各自的梦想、学识、生活环境及付出的努力程度。例如，党员学生，他们在当代高校中是出类拔萃的一群，他们代表着年轻人的正向发展，潜移默化地影响着其他学生，他们是党和大学生联系最紧密的纽带。他们有坚如磐石的理想信念、高屋建瓴的政治理念、积极向上的政治态度，他们的价值观和人生观都昂扬向上，他们对国家和人民充满热爱，关注国家大事，实践着社会主义道德规范；他们有责任感、团队精神、强烈的自我管理和助人意识。然而，也有少数党员学生存在理论学习不足、偏向功利主义等问题。在学习成绩优秀的学生群体中，他们行事目标明确，求知欲强，观察力突出；他们坚持真理，愿接受批评；珍惜时间，注重效率；他们具有良好的学习态度，能遵守学校规章制度和社会公序。然而，部分"学霸们"在集体活动中的热情不足，群体荣誉意识较低。至于经济条件较差的学生群体，他们的特征呈现多样化。他们通常拥有很强的积极性及坚韧不拔的精神，主张自我提升，愿意帮助他人。然而，有些学生太过敏感，精神压力大，可能会出现各种程度的心理问题。

（2）站在立体的视角看，大学生在不同学年的性格因素各不相同

以本科生来说，刚入大一的学生都会不同程度感到自豪和优越，他们对将来的大学生活充满期待，自我认同度相对较高，但却在心理适应方面表现得稍微薄弱，他们积极地参与各类集体活动，期待尽早完成角色转变，习惯大学生活。然而，部分同学在适应大学生活方面也遇到了困扰，如丧失学习方向、处理人际关系不当、缺乏财务和生活经验等。对于大二的学生来说，他们对于学习的目标逐渐明确，人生理想越发接地气和现实化，他们更有主观能动性，学习兴趣更加浓厚，对自我认知更为客观。然而，部分学生开始受到情绪、人际关系、学习、生活、恋爱等各个方面的干扰，出现不同程度的心理问题。至于大三的学生，他们的人生目标变得越发现实，学生群体开始发生研究生保送、研究生入学考试、就业、留学等方向的群体分化，各有所得。在即将保研的同学中，他们更积极地投入学习之中，并更加关注与保研有关的信息。准备考研的同学表现出"三点一线"的专注学习的态度，他们参与集体活动的意愿有所减弱。那些正在筹备就业的同学开始积极准备就业的基本条件，考取各项证书，他们开始密切关注学校和自己专业的就业资讯。当进入大四的上半学期，大多数的学生会陷入一种焦虑的情绪之中。上半学期，多数学生都忙于各种事务，而那些打算考研究或者寻找工作的学生压力也日渐增大，他们都会不同程度地表现出焦虑和急躁的情绪。当进入下半学期时，一部分学生会有所松懈，他们的学习和生活开始显露出比较散漫的状态，空闲时光也渐渐多了起来，社交活动也变得越来越频繁。而随着毕业的日子越来越近，聚会的活动也越来越多，这也随之引发了更多的安全隐患，因此对于毕业生的教育管理工作也相应地增加了许多。

3. 管理任务的新要求

高校管理工作坚持"育人为本，德育为先"这一原则，并致力于解决高校生遇到的问题是其基本要求。大学生是有潜力的人才，他们代表着国家的未来和希望。"如何教育及教育什么样的人"已然成为高等教育管理的重点问题。高校必须以培养人才为首要任务，坚持"高校教育，育人为本；德智体美，德育为先"的原则，既注重整体教育，又主张服务和管理学生，理论与实际相结合，因地制宜，根据生活和学生现状以确保解决学生现有问题。辅导员的责任与教育管理工作的主要任务体现在以下五个方面：一是开展良好的学生思想教育和服务工作，增强管理学生团体的能力；二是严格遵守大学生思想教育规定，结合传统与创新开展工作，推动学生的全面发展；三是为了提高工作能力和水平，需主动深入学习并精通与大学生思想教育相关的知识与技巧；四是进行相关研究，根据工作对象和工作环境的变化，及时调整工作策略和方式；五是充分利用各种新的工作工具，如互联网等现代科技，积极创新工作方式，努力让工作更具针对性和有效性，并增加工作的吸引力和影响力。

目前，对于高等教育学生的管理工作，需要包括综合运营、专业化发展、私人定制服务、信息技术加持及法律层面的保障。首先，传统的学生管理模式已不足以应对高校教育管理中所面临的越变越新、越来越复杂、越来越现实并富有挑战性的情境。这就要求我们需要从教育、管理、咨询及服务等多方面去扩展传统学生管理，把生教育管理的基本任务定为对群体组织、行为、安全、资助、就业及管理评估等各方面的管理。同时，各个管理部门必须协同合作、产生协同效应，并实现一体化的学生管理。其次，随着大学生教育管理环境的变化和管理细节的多元化，以及管理对象要求的持续提升和变化，大学生管理必需走向细致化、包容化，以保证学生管理的效率和效果。再次，伴随着人本主义管理思想的推广和现代大学生个性化需求的凸显，大学生教育管理工作必须提供个性化、定制化的服务。通过为学生提供精准化的管理，促进每一个大学生成长成才。最后，因为网络给学生管理带来新的挑战，已经成为学生教育管理的一个新的重要领域。高校在管理学生方面，必须利用互联网加强对学生的教育、管理和服务，以线上线下的联动效应提升其教育管理的质效。同时，需要积极运用现代网络技术，构建完备的数字化和网络化学生管理体系，切实提高工作效率，为学生提供更优质的服务。近年来，随着司法部门的介入，学校的教育管理越来越重视法制化，而学生控告学校的事件也日益增多，这标志着法制化成为当前高校学生管理的迫切需求。这也意味着学生管理必须严格遵循国家法律，对有明文规定的情况要严格遵守法律规定，即使对没有明确规定的情况，也要符合法律的基本规范。在制定学生管理规则的过程中，高校应深度研究国家和地方的相关法规，认真考虑学生的建议，避免规章制度和法律法规相冲突的麻烦，以提升制度的科学性。只有如此，学生管理的权威性才能得到增强，进而有助于维护学校的正常运作秩序。

二、大学生教育管理的创新

（一）大学生教育管理创新的路径

在新的时代背景下，创新大学生教育管理的方式需要依靠三个途径：激励学生进行自我管理，研究网络化信息管理并且加大对管理团队建设的力度。

1. 始终把学生的需求放在首位，倡导让学生自我管理，以此推动大学教育管理的创新

没有管理的教育及失去教育目标的管理都是无效的。教育需要得到良好的管理，而管理也是为了更好的教育。由于大学生教育管理和人才培养之间存在密切联系，因此大学生教育管理的创新策略应与常规的管理手法有所区别。这就需要我们采用更先进的管理思想来进行指导。理念揭示了事物的深刻性质和规律，教育理念就是对教育基本问题本质和规律的深度理解，具有理想的、持久的、综合的和范式的特征。现代高等教育管理理念需要与科学发展的价值观相符合，追求人本主义的管理。人本管理的核心是尊重学生的发展特点和规律，尊重他们的个性，为学生的思想政治教育创造良好的环境，构建和谐的师生关系，培养全面发展、具有独特优势的创新人才。其中，关键在于正确引领学生的主体性，尊重他们的学习需要，确保具有教育内涵的思想政治教育活动得以实施，因材施教，挖掘学生的潜能，激发他们积极向上的内在动力。进行大学生教育管理的目的并非是管理、限制或控制他们，而是创造条件来培养他们，通过有效的培养来推动他们的发展。这种模式中，学生既是管理者，也是被管理者。在这种身份转换过程中，他们的自我管理积极性显著提升，尤其是对自我约束和自我管理的能力得到了显著提升，他们在学习知识的同时也在锻炼个人能力，既"掌握了知识本领"，又"学会了为人处世"，以此来培养学生的主体意识和责任意识。

2. 利用网络技术进行数字化管理，推动高校管理的创新发展

在不断创新管理模式、方法和手段过程中，我们需着重使用网络技术进行数字化管理，发挥现代科学技术应对高等教育管理在不同时期涌现的新问题和新动向的作用，创建管理平台，集成管理资源，实现网络化、电子化的管理。通过网络技术，实现数字化管理，能够将管理方式从封闭型转为开放型，管理与思想政治教育相结合，与学分制等学校管理制度相协调，以及与社会管理相结合。通过网络技术实现数字化管理，能推动高等教育管理从单方面管理转为综合管理，将管理与服务紧密结合，进而通过服务推进有效的管理。在创新管理方法上，我们

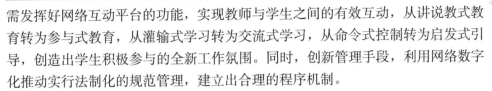

需发挥好网络互动平台的功能，实现教师与学生之间的有效互动，从讲说教式教育转为参与式教育，从灌输式学习转为交流式学习，从命令式控制转为启发式引导，创造出学生积极参与的全新工作氛围。同时，创新管理手段，利用网络数字化推动实行法制化的规范管理，建立出合理的程序机制。

3.强化团队的管理机制，推动大学生教育管理创新

毛泽东同志曾深刻阐明："政治路线确定之后，干部就是决定的因素。"提升学生管理团队的素质是确保管理工作顺利开展的主要因素。随着新时期社会情况的变化，大学生的教育管理工作也经历了许多的变革。学生工作的一部分功能发生了转变，从过去的以管理为主，转为以教育、咨询和服务为主。同时，心理健康教育、学生资助、学生助学贷款及就业指导等学生工作的职能，需要在适应当前需求的情况下予以强化。另外，大学生的思想问题和实际问题变得更加复杂和多元，需要管理团队利用智慧、知识和才能来形成专业化的能力。因此，从大学生教育管理的发展趋势来看，学生管理工作团队必须坚持走专业化的道路。在当前大学生教育管理工作的实践当中，尽管团队在政治素养、职业精神和个人品性上是扎实的，但是在解决现实问题的能力和技巧上仍然有一定的不足，这在一定程度上反映出了"能力恐慌"。一些管理人员以保守的视角和思维方式来看待学生，他们无法理解，也无法感受到当前学生与过去截然不同的内心世界和真实想法，乃至于难以在交流中与学生找到共鸣，因此产生代际冲突和隔阂。尽管一部分管理人员极具热忱，但在基础培训和专业知识的掌握上亟待提升，与学生在获取信息和熟练度上相比还有所不足，这也使他们无法对学生进行有效的引领和指导。可见，"能力恐慌"的焦虑感会妨碍他们与学生的沟通，进而无法解决学生面临的具体问题和思想疑惑。因此，我们需要专门的人员来负责学生管理的职能，以专业的方法应对现代学生管理的主要任务，并促进团队技能的专业化；需要以超越常规的招聘方式来聘选人才，从更高的起点集结优秀人才，兼容并包，广开贤士之门，以此培养出一支数量充足、质素上乘、熟练高效、能力超强的专业化学生管理团队。

（二）大学生教育管理创新的内容

1.我们在大学生教育管理的实践中，应高度重视其育人功能

大学生教育管理绝不仅仅是为了管理和控制，其真正的目的是支持国家的人才发展计划。也就是说，校管理目标应是培养出能适应国家需求，德智体美全面发展的优秀人才，管理的核心应该是培育人才。因此，在对高校教育管理进行创新的过程中，管理者需要充分利用培育人才的优势，稳固和加强"以培育人才为主导"的管理思想。"以培育人才为主导"的理念应在高校教育管理的全过程中体现出来，归结为人力、财力、物力等资源的分配；同时，也要反映在对大学

生日常教务管理、安全、行为、团体组织、就业、资助等所有管理细节中。这就要求我们在处理管理和思想政治教育之间的关系时，要将大学生的教育管理和思想政治教育有机地结合在一起，积极遵循教育的规律，发挥思想政治教育在塑造大学生正确的世界观、人生观和价值观方面的关键作用，以实现有效、有益的管理。

2. 对于高校教育管理来说，完备性的规章制度的确立是绝对必要的

只有将具有创新性的大学生教育管理生成为规章制度，长期坚持并不断完善，方能使得管理效率不断提高。若想实现创新的教育目标，就应以科学和高效的规章制度为基础。在建立规章制度的过程中，除了国家制度层面的保障外，高校自身也应全力以赴地创新其学生管理制度，尝试在学生管理工作中建立一套具有宽容性、执行力及能激发创新的方法，以便为学生的管理工作进入创新阶段提供保证。这不仅涉及如何为完备的规章制度设定系统结构，更关键的是在严格执行规章制度的基础上，通过尝试和实践，及时修正，积累工作经验。因此，高校学生管理应坚持依法治校、依法治教、尊重法律的原则，规范管理过程，使规章制度深植于管理之中，保障管理的有序性、规则性及科学性，确保管理活动的合法性及效率性。

3. 对高校教育管理服务系统进行全面优化

大学生作为高校教育管理的核心，管理范围不仅包括他们的日常生活和学习，还包括他们的社会实践和职业发展等多个方面。随着社会的发展和需求的持续变化，大学生活动的范围、领域、内容和目标等各方面也呈现出不断的新变化，影响他们的因素也越来越复杂。因此，大学生教育管理不只应由管理者完成，也不仅仅是简单的事务性管理，而是应鼓励大学生自己主动参与，提供全方位的服务性管理。所以，我们需要强化服务系统在教育管理中的作用，并积极优化服务设施体系。一方面，我们需要进一步解放思想，深化对管理的理解，建立以服务为主的意识和观念，不断提升在高校教育管理中的服务水平，实现各部门的协同管理，以达成教育和服务的双重目标。另一方面，我们需要加大投资和研究力度，全面利用网络信息技术，建立教务、安保、就业等一体化服务平台，引导大学生积极参与管理，最终实现自我教育、自我管理和自我服务的目标。

第二章　大学生教育工作管理研究

第一节　大学生教育工作管理的内涵及特点

一、大学生教育工作管理的内涵

高校的专注点在于大学生的生活管理和教育，通过对他们的日常行为进行规范、指导与服务，以促进学生的全面发展。我们可以把学生教育管理工作分为两种，一是广义的，二是狭义的。广义的学生教育管理工作通常称之为教育管理工作，涵盖了思想政治教育、日常事务管理、成绩评测和评估，以及在学生成长道路上的引导等等。而狭义的学生教育管理工作，也就是对学生的管理，焦点在于日常管理方面，例如，班级建设、奖励与惩罚机制、学生资助、安全教育、宿舍管理、生活服务和职业指导等，这些都是学生学习和生活的重要组成部分。

（一）对于理想信念和道德品质的养成教育

对个体而言，信仰和理想用来指导行为，而道德属性则作为行为准则。在管理大学生的过程中，领导者需重视校园文化的创建，为学生打造深具文化内涵的优雅校园环境。通过校园文化的感染和熏陶，有助于培养学生健康的舆论环境，同时通过各种文化活动的举办，能提高思想教育的效果。

（二）依法治校，维护学生合法权益

实行法治教育，便是在高校的日常运营中，确定学校和学生的权益及责任，充分地保护学生的合法权益，借助法律和学校的各项规章制度，对于学生实施奖励、资助、惩处等手段。在处理学生被处分等可能影响学生权益的问题时，需严格遵照公正的程序，规范操作过程，确保学生的合法权益不受侵害。

（三）学籍管理和学习指导

随着教育体系改革的不断深入和弹性学习、学分学制的实施，高校具备了

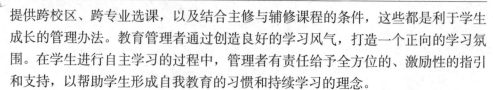

提供跨校区、跨专业选课，以及结合主修与辅修课程的条件，这些都是利于学生成长的管理办法。教育管理者通过创造良好的学习风气，打造一个正向的学习氛围。在学生进行自主学习的过程中，管理者有责任给予全方位的、激励性的指引和支持，以帮助学生形成自我教育的习惯和持续学习的理念。

（四）就业指导和就业服务

职业指导和帮助是学生教育管理的关键构成部分。鉴于当前就业环境的严峻挑战，高校应组建专门的职业发展指导机构，该机构需由学校高层领导承担管理职责。职业发展指导机构必须要完成学生的职业生涯规划导向、聚集就业信息、创建实习基地，指导新毕业的学生如何就业及他们的职业规划等任务。

（五）勤工俭学和贫困生资助

学生的经济资助包括贫困生资助和提供勤工俭学的机会，是学生教育工作管理的重要组成部分。针对学生的实际需求和高校的规定，学生教育工作管理部门应启动助学贷款的"快速通道"，尽量增加勤工俭学的职位，并做好领发国家奖学金、助学金和针对贫困生的内部资助工作。另外，针对学生群体中可能出现的突发情况，应制订紧急应对计划和临时经济资助政策，对于遭受重大家庭灾变的学生，应及时给予特殊帮助。

（六）生活服务和心理健康教育

在高等教育的实施过程中，并不仅限于学术性学习的层面，在日常教育和管理中也要全面贯彻育人为本的教育原则。各个负责学生教育和管理的部门需要与学校其他服务部门紧密联手，一方面为学生提供基本的生活需求，另一方面着重引导学生养成良好的生活习惯。高校心理咨询中心需借助各种可能的手段和多样的方法，全面开展心理健康教育和心理咨询活动，以加强对学生的心理疏导。学生教育工作管理者有必要构建一个高效的信息网络，以便将思想政治教育和心理健康教育相结合，从而提升学生教育和管理工作的整体效率。

（七）校园秩序与课外活动

学校需要营造一个健康且和谐的学习和生活环境给学生。教育工作者要主动指导学生，使他们能主动遵守学校的管理规定，并加强自身的道德素养，维护校园秩序。此外，学校也应当激励学生团体开展有助于大学生心理和身体健康的活动，并对这些活动进行必要的监督和引导，以确保学生活动的合法和科学性。通过参与各种团体活动，大学生的人际关系和社会适应性等方面能得到提高。

二、大学生教育工作管理的特点

大学生具有独特且敏感的思考模式。因此，在大学生教育体系中，要基于他们的身心发展特征，有目标、有计划地开展工作，是确保教育工作顺利进行的前提。尽管每位学生的成长背景和学习环境各不相同，但普遍存在如下特征：他们有理想，却受制于与现实的落差；他们能分清是非，但自律能力相对较弱；他们倾向于实用主义，关心自身的利益；他们主张个人主义，保持较强的自我格局；他们期盼独立，但依赖性较高，急切希望投入社会却无法做到经济自立；他们对新事物适应性强，但心理承受力较弱。在进行学生教育工作管理时，如何适应学生的特点、满足他们的需求，是保证教育效果的关键环节。只有适应他们的发展特性，运用专业性和操作性的管理方式，才能推动大学生教育工作的目标顺利实现。高校学生教育工作管理有以下特点。

（一）教育性

培养高质量且全方位发展的专业人士，为社会主义的现代化建设作出贡献，是高等教育学生管理中的首要任务。那些负责学生教育的管理人员，应该采用教育和指导的方法，提升学生的科学知识和文化素养，塑造他们的良好品质和风采，保证他们政治立场的正确，以及帮助他们树立高尚的理想和信念。总的来说，通过教育和指导，可以有效地实现高等教育管理的目标。

（二）开放性

大学生的教育工作管理具有开放性，这种日常管理可以通过各种途径和方法实施。它不仅可以通过教学环节进行，还可以通过举办校园文化活动进行日常管理，以及通过学校教育、社区教育、家庭教育等多种途径进行。高校学生管理者需要善于整合各类资源，具备良好的协调和整合能力，为推进学生教育工作管理共同努力。

（三）持续性

大学生教育工作管理系统是一项复杂的工程。在完成各项具体任务时，应以大学生教育管理的总目标为指引，以此推动大学生的全面进步。高校的学生教育管理应构建持久的工作体系，可以将校园教育、社区教育和家庭教育三者融为一体。此外，通过对外部的制度管理和学生的内部约束，配合思想政治教育，进一步提高学生教育工作管理的成效和系统性。

（四）实践性

提高学生解决实际问题的能力是高等教育培养适合社会需求和适应时代进步

的高级知识人才的宗旨。随社会形势的持续发展变化，应当改变学生教育工作的管理方式。新型的管理技巧和工具的运用不能仅仅停留在理论层面，而要在现实工作中实施，以实现理论指导实践。只有保持实践导向的学生教育工作管理，才能更好地适应不断变化的社会环境。

第二节　大学生教育工作管理的目标及原则

一、大学生教育工作管理的目标

大学生教育管理的目标在于培养能满足社会发展需求的高素质人才，主要侧重于提升学生的综合素质。更详细地说，就是对大学生的思想政治素质、科学文化素质、身心素质及创新素质等方面进行提升。

（一）思想政治素质

我们期待大学生具备正确的政治观念和坚定的理想信念，因此要提升他们的道德修养。管理者要积极配合党的行动，深入学习党的理论和主要思想，同时积极推行党的路线、方针和政策，坚持正确的政治方向。

（二）科学文化素质

为了提高科学文化素质，大学生需要勤奋地探索科学知识，掌握正确的学习方法，培养良好的学习习惯，并学会如何将理论应用于实践，这样才可以全面提高他们的综合素质。此外，他们也需要树立终身学习的观念，要经常反思实践中的不足，并通过学习来改正这些不足。

（三）身心素质

大学生必须保持强健的身体和良好的心理状态。可以通过参与体育锻炼和各种娱乐活动可以增强体质，促进身体健康；通过自我约束、自我引导和自我提升，来塑造良好的人格特征；积极参与社会活动，形成出色的品格素质和环境适应能力，成就健康的身心状态，更好地为社会建设贡献力量。

（四）创新素质

科学思维和实践能力是大学生应有的素质。他们需要通过学习获取理论知识，并利用科学的分析方式，来全方位、客观地了解和辨识事物。他们应拥有较强的创新和实践素质，敢于在不断变化的环境中创新并持续超越自我，除了增强他们的创新实践能力，还需提升他们的综合素养。

二、大学生教育工作管理的原则

为提高大学生教育工作管理水平，实现有效管理，学生管理者在日常管理中应该遵循以下原则。

（一）实际性原则

在进行大学生教育管理工作时，必须要对照实际环境来进行，既要充分考虑到学校的实际需求，同时也不能忽视学生的实际情况。通过对校园及学生的实际情况的深入了解，建立健全的组织架构，明确各组织的角色和职责及学生管理的目标，同时研究适合本校现状的学生管理模式。从实际出发进行学生管理，有利于有针对性地开展学生教育工作。

（二）制度化原则

学生教育工作的领导者必须依照国家法律，参照高校的实际情况，出台各种规章制度，以便更好地进行学生管理。制度的存在是正规化管理及提高管理效率的必由之路。唯有依赖制度化的管理，高校学生的教育工作管理才有章可循，进而不断推动学生教育工作管理的科学性、有效性。

（三）服务性原则

大学生教育管理必须坚持以培养人才为目标的原则，并始终着眼于以服务学生为基础和目的。坚持以服务为主导的原则进行日常学生管理，要立足于学生的基本利益和实际需求，将学生视为学生教育工作的核心，所有的工作都围绕学生展开。因此，在工作实施时应秉持服务主导原则，以此实现管理目标。

第三节　大学生教育工作管理取得的成绩

在高校中，最关键的任务就是培养德智体美劳全面发展的社会主义事业的建设者和接班人，学生教育工作管理在高校教育环节起着举足轻重的作用。此外，它对于适应 21 世纪社会经济转变培养"四有"大学生具有深远的影响。在过去的几十年中，各种类型的高校都重视学生的教学和指导，并投入了大量的人力、物力和财力。学校负责学生教育工作的管理者要认真贯彻党的教育方针，他们愿意为达到学生培养目标作出大胆的尝试和不懈的努力，形成了一套高效的工作流程和方法。他们热爱学生、关心学生，尊重自己的职业，为学生的培养投入了极大的努力和精力，以期为我国社会主义建设培养出众多的专业人才。尤其是近年来，负责学生教育和管理的团队不断进行学生教育和管理的规范化和科学化的研

究和探讨，取得了明显的进展。总结下来，主要有以下三个方面。

一、强化对大学生的思想政治教育，为他们成才提供精神动力

对于高校学生的教育来说，除了普通的课业学习、道德教育及形势政策教育等之外，有针对性和时效性的日常思想政治教育是不可或缺的辅助环节。高校教育管理关注着学生的日常思想政治教育，倡导开放思想，更新观念，提高认识，坚定"全身心投入学生教育"的理念，强化服务能力和服务意识，积极为学生的发展和成长提供服务。一方面坚持教育、指导、激励和鞭策学生，另一方面也尊重、理解、关心和帮助学生；对学生的学习和生活进行规范管理，并引导他们朝向有道德、有纪律的方向发展；努力提升大学生的素质，促使他们养成良好的习惯。思想政治教育工作需要深入学生的心灵深处，使其能为学生所理解、所接受，能够化解矛盾、解决问题、提高士气和激发热情，为大学生的成功提供精神支撑和舆论推动力。

在进行大学生的思想和政治教育过程中，一般选择用群体、团队或者是个别教学的方式，同时配以举办各种大型活动、会议、学习团体、评析活动等形式，根据学生思维特征的不同阶段，有针对性地进行思想和政治教育，以便引导他们全面提升自身素质。例如，可以设置各种奖项，如"三好学生"和"文明宿舍"等，以鼓励学生参与各种争先创优活动，激励他们刻苦学习、主动上进，全面追求在学业、道德、行为和体育等各个方面的提升，让他们能成长为优秀的人才。此外，新生军训能够使学生具备适应环境的能力，提升他们对国家安全的警惕性，保持坚定不移的决心和勇往直前的精神，在此过程中他们会形成文明、遵纪守法的行为方式。通过对专业的介绍，进行学习目的教育和理想教育，引发学生对学习的热情，提升他们主动提升自我能力的积极性。校史、校情教育则让学生了解和赓续学校的光辉历程、奋斗之路和优秀学风，为他们的未来学习和成长打下稳固的思想基础。通过关于毕业生教育，指导学生正确平衡个人发展需求与社会需求之间的关系，引导他们形成正确的职业观。在引导学生深入剖析自身素质和社会需求之间差距的过程中，增强他们的忧患意识，进一步提升大学生的道德修养的自我意愿、主动性和积极性；运用竞争意识教育、挫折教育、创业教育等手段，推动学生养成持续提升自身素质，保持永远向前、坚决不放弃的信念和行为习惯。

二、积极开展活动，建设全面提升大学生素质的平台

（一）积极安排社会活动，提高学生的社交适应能力

通过寒暑假进行社会实践活动是高等教育工作中的常见环节。大学生在寒暑

假期间参与的社会实践活动多种多样，如参与环保研究、专业实践、公共服务、重返母校、参与勤工助学等。社会实践活动并无固定框架，也无需特定场所和对象，大都在一个开放性的环境中，面临着各种各样的变化情况，学生需独立应对并解决各类问题。社会实践更能激发学生的积极性，驱使学生在实践中不断尝试，勇于创新。

另外，学生通过直接参与体验社会、理解生活，目睹城乡的差异及贫富的悬殊。在接触和对话民众的过程中，他们从身处其中的独有体验，感受到教育与启迪，从而拓宽视野，深化对社会责任感和使命感的认知。同时，他们也清醒地发现自身的知识和技能的匮乏，更加实事求是地去重新观察和估量自我，逐渐确定自我在社会中的角色，花费时间去思考个人的发展，持久地提升能力和素养，以适应社会进步的需求。

总而言之，通过社会实践，学生可以增强独立生活和适应环境的能力，提高应用知识和自我组织管理的水平，也有助于提升并扩展他们的专业技能，深化对国内外情况的了解，强化社会责任感。同时，能强化学生对社会服务的精神，塑造他们的吃苦耐劳的优良品德。大学生积极参加社会实践活动，能逐渐培育出坚持不懈、永不放弃的优良品质，培养实事求是的学习和生活态度，通过这一途径持续提升自我，完善自我。

（二）开展社团活动，为大学生提供一个开发潜能、释放自我的重要平台

大学生社团作为高校文化活动的主要元素，是用以丰富学生道德教育的有效方式，同时也是全面素质教育的重要载体，为整个高校创造了美丽的风景。这些社团是学生因为相同的兴趣和爱好，遵照法律与相关规定，自发形成的固定群体和专门活动的组织，可简单地划分为思想政治、学术科技、文体娱乐、志愿者服务、创业或综合等五大类别。社团活动种类繁多且富有趣味性，充分发挥了学生想象力、创造力、批判性思维，以及与他人协作的能力。社团活动不仅使学生的高校生活更加丰富多彩，还为学生提供了课堂以外的学习机会，为学生的全面发展作出积极贡献，让他们能在活动中提升自己的能力、发挥特长、展示自己的才华，是学生挖掘潜能、展示个人魅力的大舞台。

（三）校园文化多元化，提高学生的人文艺术修养

文化涵养是个人素质的重要组成部分，包括对文学、哲学、音乐、美术等领域有所理解与了解。创建校园文化是教学管理的关键环节。校园文化实质上是种种活动的组织和实施，如新年晚会、歌唱大赛、合唱大赛、社团行动、科技文化节、学校辩论赛、讲座、舞会等等。年轻人思想活跃，易于接受新的事物、观念、行为和生活模式，通过群体文化的影响和引导，可以构建一个健康的校园文

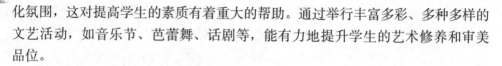

化氛围，这对提高学生的素质有着重大的帮助。通过举行丰富多彩、多种多样的文艺活动，如音乐节、芭蕾舞、话剧等，能有力地提升学生的艺术修养和审美品位。

（四）安排课外学术科技活动，培养学生的创新能力

大学生在课余时间的学术科技活动涵盖了三大主题：科技学习、科技创新和科技的实际运用。这种模式的形成是与"科学技术是第一生产力"这一观点在社会中逐步获得接受并在经济社会发展上确立主导地位息息相关的。因此，高校的学生教育管理团队必须给予高度关注，不断完善其组织结构，制定有效的管理模式。可以建立奖励评比机制，营造学术氛围，同时积极采取措施来推动这类活动的持续发展和深化。

课外科技创新活动，能激发了学生的学习热情和创新思维，使得他们有机会从学校进入社会，从仅仅是接受教育和知识传承的角色，逐步转变为社会财富的创造者。打破教室内外的界限，使学生铸就终身学习的理念。

三、加强学生教育工作管理队伍建设，提高推进素质教育的能力和水平

辅导员是个体参与学生思想政治教育的关键角色，他们是组织和指导这项活动的前线负责人，同时也是频繁与学生互动的教师群体中的一员。拥有高质量辅导员对学校的生存及进步和学生的健康发展都是有益的。因此，要选拔那些政治素质过硬、业务能力强、思想品质高尚、综合能力出众，对辅导员工作满怀热忱的优秀毕业生党员加入辅导员团队，加强辅导员的管理，以期提升团队整体素养。就发展方向来看，我国大学生教育管理工作开始侧重教育性和发展性，在强调道德教育传统的同时，"以人为本"的管理哲学已经基本被接受。管控体系也日益完善，管理干部队伍的能力层级日渐提升，一部分高等教育院校学生管理干部中已有硕士毕业生占据一定份额，部分学校甚至为博士毕业生设立专职书记职位。

第四节 大学生教育工作管理面临的问题及其成因

一、大学生教育工作管理面临的问题

高校是塑造未来人才的关键场所，学生教育的管理方式直接决定了人才培养的质量，进而对高校和社会稳定性产生影响。因此，各高校都高度重视学生教育

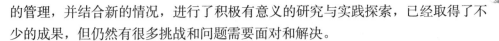

的管理，并结合新的情况，进行了积极有意义的研究与实践探索，已经取得了不少的成果，但仍然有很多挑战和问题需要面对和解决。

（一）随着社会主义市场经济的深度发展，学生教育工作管理面临着严峻的挑战

随着改革开放的不断深入，人民的生活品质有了明显提高，人们对接受高等教育的热望也日渐高涨。为了适应改革开放的大背景，以及回应行业对专业人才的需求，党中央、国务院适时拟定了高校增容的决策，大学新生的入学人数每年持续攀升，校园内的学生数量也在稳步扩增。这一大规模扩张与学生人数的巨幅增长，促使我国高等教育逐步从精英教育走向大众教育。然而，学生素质的下降是不容回避的，学费支付也使得经济困难的学生比例上升。高考年龄限制的取消、采用学分制和弹性学制，再加上后勤社会化的改革，都对学生教育工作管理提出了重大的挑战。因为许多高校对这一形势没有做好充足的预估，引发了不少问题，比如，学生宿舍建设的滞后、开学日期的推迟、食堂容量小、学生用餐的拥挤、教室数量不足、自习室短缺，宿舍成为主要的自习场所；文化和体育设施的建设落后，导致学生的课后生活过于单调。另外，随着市场经济的成长，大学生的思想理念和价值观发生了巨大的转变，他们的思维方式越来越独立和多元化，过去的单一学生教育管理模式已无法满足新的需求，教育管理工作面临着严峻的挑战。

（二）传统管理模式的弊端使大学生教育工作管理面临新的问题

虽然传统的学生管理模式历史悠久和曾有成功的实践和经验，但在新的环境中，这种模式的各种缺点越发无法忽视。目前，一些高校的学生教育管理依然局限在事务管理阶段，过度注重管理而忽视服务，主张在教育管理过程中由管理人员主导，学生只是配角。在这个过程中，学生是被管理者，他们需要遵从教育管理人员的各种指示和安排，依然处在严格监督学生的阶段。整个工作的核心是满足学校的稳健和发展，而非为学生的发展需要服务。同时，一部分教育管理人员错误地认为学生"性本恶"，因此常使用"管理、控制、压制"等方式对待学生。还有些教育管理人员认为学生就如同白纸，可以随意驾驭，因此会滥用权力命令学生，意图显露其权威。这种方式会引发大学生的抵触情绪，对管理的效果产生极大的负面影响。总的来说，大部分学生教育工作管理者依旧通过行政手段来对学生的教育进行管理，在学生指导方面的工作比重很大，不过平等交流解答问题的机会却相对不足。他们更多的时候是以长辈和管理者的身份出现，较少以朋友和服务者的面貌出现；更多的是以空洞的说教方式来教育学生，而满足学生情感、生活等诸多需求的心理交流服务相对较少；在问题处理上更偏向于消极的被

动态度，而积极主动地为学生的多元素质的发展提供广阔空间的实际做法却相对较少。所以鉴于新时代、新形势的要求，教育管理者必须改变他们的思想，更新他们的观念，恪守以人为本、以学生全面发展为中心的原则，为学生的发展提供一个广阔的平台和空间。

（三）网络普及的负面影响对学生教育工作管理模式带来冲击

信息技术的普遍应用和演进给传统的学生教育管理体系带来了新的挑战。数字化的急速推进，引起了互联网对学生的教育、生活甚至是价值观的深远和广泛的影响。互联网正在大幅度地改写学生的生活习惯、学习方式甚至是语言习惯。在学生教育管理的视角里，互联网就像是一把"双刃剑"。一方面，互联网给大学生教育管理开启了新的阵地和领域，给强化和改善大学生思想政治教育带来了新的机会。另一方面，互联网也给传统学生教育管理模式带来了巨大的冲击。首先，网络信息的及时性、丰富性和开放性特点使得学生对于学院的知识权威产生了质疑。在互联网普及的环境下，大学生可以利用互联网在任何时候都可以得到信息，而思想政治工作部门和相关职员、教授在获取信息的途径、时间、数量等方面已经无法取得显著优势。

大量网络信息成为困扰德育和思想政治教育困扰因素，特别是不良信息的侵害，导致学校向学生传达的信息难以在学生心中留下痕迹，极大地妨碍了思想政治教育的进行。其次，网络的虚拟性和隐秘性使其成为有害信息的孕育和传播地。有些人借助信息技术介入社会政治，一些虚假、不良甚至反动的信息玷污了学生思想政治教育的环境，学生往往无法分辨和抵抗，有些人被欺骗，更有些人陷入了网络的虚幻世界，无法自拔。

（四）实行学分制及弹性学制导致学生教育工作管理面临新的转型

目前，全国范围内的各高校普遍实施了学分制。在这一制度的影响下，学校的教育管理方式摒弃了以往的学年制模式，学生的专业和班级身份的重要性降低，逐步转变为以科目内容为核心的灵活教学方式。在这种模式中，来自不同专业，或者不同学校的学生可以相互学习，学校的教育管理范围不仅包括本校或本专业的学生，同样包含选修其他专业或其他学校课程的学生。除此以外，学校的教育管理不只局限于教育、意识形态和生活方面，还会协助学生选定课程，助力学生建立合理的学科知识结构，鼓励学生在教师的指导下，从消极学习转变为积极主动学习，学校的教育管理也从规定式的管理转为指导式的管理。在这样的新格局下，学生教育的工作管理必须探寻并构建新的平台。

（五）学生教育工作管理队伍储备不足和不稳定制约着学生教育工作管理的成效

目前，高校学生教育工作管理面临的一个重大难题就是人员空缺和人员素质不高。

辅导员分布也极不平衡，有的学校一名辅导员要负责几百名学生。辅导员的职责繁重，使他们无法提供给学生全面及时的思想政治教育及心理咨询。而且，大部分承担学生教育角色的辅导员，多是留在学校的本科生或硕士生，他们中的大多数并没有受过系统性的管理或心理学的训练，进一步提升专业技能的机会也很少。尽管许多辅导员年纪轻轻，看似能和学生沟通无阻，但实际上，他们并没有积累足够的管理经验。这些都导致了高校在学生教育管理方面缺乏力量，效率较低。高校的教育事务琐碎复杂，涉及学生的各种问题最终都需要辅导员亲自解决，这就如同"千头万绪，全系一身"。针对这种情况，管理人员受制于现行工作体系，每日忙于处理琐事。因此，学生教育管理的深度和实效性大大降低，逐渐变得形式化和肤浅，使得学生的日常行为、生活、学习等方面无法得到精确、规范、科学的管理，这对学生综合素质的提高形成了严重障碍。

（六）高校新校区建设以及后勤社会化进程使学生教育工作管理面临新的挑战

高校的后勤社会化是为了构建一个教育成本分担系统。当前，我国大部分高校已将后勤工作社会化。这些院校根据市场经济法则进行经营，开放校园市场，允许社会人力、资金、技术和设备资源进入校内市场进行运作。这些商业运营者的主要目的是盈利，同时学生在支付各种费用的过程中也逐渐建立了投资意识，对教学和生活环境提出了更多更高的要求，容易引发更多问题。随着高校招生规模的增大，许多高校无法满足学生的学习和生活需求，于是就在原有校区之外修建新的教学区，使得同一专业或同一系的学生在不同地点接受教育，这严重冲击了原有的按系进行管理的方式。因此，在这种新的形势下，寻找新的学生教育工作管理模式会成为学生教育工作管理的新挑战。

二、新形势下大学生教育工作管理问题产生的原因分析

（一）环境要素：社会的快速变迁和教育发展的迟缓

当前，中国正在面临社会变迁。这种变迁正在中国独特的文化传统、社会主义制度文化和西方文化的融合背景下展开，核心内容是从农业社会向现代工业社会的跨越，从封闭社会转变为开放社会，同时也由高度集中的计划经济制度转向

竞争和利益驱动为主的社会主义市场经济体制。其中，不可避免地充斥着东西方文化的交融和碰撞。这种变革必然推动社会制度和其运作模式的更新。从马克思主义的视角来理解，物质生产活动是人类主要的实践行为，它是一切其他社会活动的根基，教育活动也不例外。教育活动的演变离不开社会物质生产的需求。社会的发展为教育提供了丰富的资源，改善了教育环境，提高了教育水平，满足了时代进步的要求，驱动了高等教育从精英教育向大众教育的转变。然而，这样的快速扩展在满足大众需要的同时，也加重了高校的负担，导致教师短缺的问题日益严重。另外，因为教育的滞后性，教育改革从策划到实行需要一定的时间，人才的孕育也需要相应的时间。所以，社会物质生产的迅速转变和教育改革的滞后性必将导致两者之间出现冲突。

随着全面改革和社会主义市场经济的推进，我国步入了以现代化为主导的大变革时期。对于现代化的实践，它需要现代的价值观和道德精神的支撑，以及相应的高等教育管理方式和操作体系。然而，目前多数高校在教育工作管理上依然采取灌输式教育，主要依赖说教，忽视社会转型对教育环境和受教育者带来的巨大变化，也忽视了学生思想的多元化和鲜明个性。在目标设定上，因为仍依赖于单一、封闭的社会结构，在特定教育环境中，力图培养出符合某个特定目标的学校角色，导致学校角色与社会转型需要的人才特质产生脱节。

（二）理念因素：科学主义的盛行与人文关怀的弱化

科学主义的盛行引发了教育观上的工具主义，这种教育观主要关注如何帮助人们获得生存所需的技能和知识，然而，它的主要问题在于忽视了引导人们深思何为生存的意义和价值。它将人的自由意志忽略不计，削弱了教育的最终目标，将其退化为迎合生存需要的简单目的，没有充分体现出教育应该以人为中心的理念。人的自我价值在这种观念下容易被工具性的理性支配，人也就变成了被操纵的工具，从而转变为一种理性的存在，失去了精神追求，缺乏对事物的否定、批评和超越，使人呈现出单向度的存在。很显然，用科学的物质性、实在性来解读人的世界是不妥当的，这种视角难以形成一个复杂的"属人世界"的现实观念，由于其过度简化，不能充分展现现实世界中的复杂性。因此，人文关怀在这种情况下被忽视，而这方面正是高校学生教育工作管理的核心和关键。

（三）人的要素：学生思想的多样性和不稳定性

在改革开放进一步深化和高科技快速发展的背景下，信息技术的持续推动使得信息传递的速度不断加快，这让学生可以更轻松地接触到各种思想和文化，对大学生的影响不可小觑。学生的思想日益丰富，从封闭死板成为开放活跃，并显示出多元化的发展态势。在改革开放的背景下，新一代的大学生开始展现他们的潜力。他们是最有活力的一群人，他们的思想充满了强烈的时代特色：主体意识明显增强，自主意识全面加强，思维活跃，具有强烈的进取心和求知欲，对新事物充满好奇，可以通过多种途径获取知识信息，在获取信息的过程中展示着非同寻常的超前性；思维敏捷，具备较强的灵活性、批评性和独立性。尤其是随着网络技术的发展，生活在数字化时代的大学生拥有了更多的自主选择权和空间，这使他们有机会了解基于不同文化背景、政治立场，以及信仰的多元价值观，并因此加深了多元价值体系的相互冲突。

尽管如此，此阶段的大学生的心理机能与道德判断能力往往处于较低的水平，他们的情绪常显现出极大的随意性和变动性，导致他们在面对多元化的价值观时，难以准确地进行判断和选择。在面对价值观的多样性时，他们通常会处于自主与依赖、自尊与自卑、情感与理性、期望与满足、冲动与抑制的矛盾中，使他们在价值评估和选择上感到困惑和迷茫，进而导致他们的思维和行为出错，这也使得大学生教育工作管理的难度增加。

第五节　大学生教育工作管理模式对策研究

一、以"柔性管理"思想为指导，更新管理理念

我们已经明确，"以人为本"是柔性管理在学生教育工作管理的中心理念，同时也是其价值导向，并进一步构成了柔性管理的主导原则。高校的学生教育工作管理，应该从"为学生的全面成长和最终独立解决问题打基础"的角度出发，其目的在于培养德、智、体、美、劳全面发展的学生，以确保他们可以成为社会主义建设者和接班人，这也是高校学生教育工作管理的基本使命。

（一）确立以学生为本的管理理念

中共中央、国务院颁布的《关于进一步加强和改进大学生思想政治教育的意见》，提倡以人为本的思想导向，致力于加强和改进大学生的思想政治教育。同时，它强调人的核心地位，贴近现实，贴近生活，与学生密切相关，进而推动人的全面发展。这也为我国的高校教育工作管理提供了理论支撑。所以，我们有必要树立以学生为中心的教育管理理念，来更好地指导我国大学生的教育和管理工作。

在实际操作过程中，我们必须树立把学生放在首位的教学管理理念。这就意味着我们应通过相应的规则，保障学生在高校管理过程中的主导角色，充分突出学生的主体性。换句话说，在教育管理的全过程中，教育管理人员必须将关注焦点放在学生身上，开发他们的潜能，提倡学生在管理中的积极参与，引导他们捍

卫自身的合法权益。同时，要重视学生的成长，解决他们在学习与生活当中遇到的问题，全力以赴为学生提供服务。

高校的教育应以学生为主导，进行针对性且有深度的学习与管理，要充分考虑学生的主体性和个性发展，减少强制性的、刻板的内容。管理者要尊重学生的个性诉求（基础），关心学生的心理和生理健康（关键），服务学生的各类需求（方式），并且激发学生的综合能力（目的）。"尊重学生"是指理解并尊重学生的个性诉求，认可学生在高校的主导地位。尤其对特殊的学生更要加倍关注。"关心学生"是指关心学生的学习与生活，及时了解学生在学习和生活中的真实情况，帮助学生解决问题，让他们感到学校的关心。"服务学生"是指以学生的需求为导向，努力营造有利于学生发展的环境，推动学生自主管理，形成正确的人生观、价值观、世界观。"发展学生"是以学生为本的目的，也是以尊重学生、关心学生、服务学生为宗旨，最终目的是学生全面、协调发展。

（二）坚持民主管理

管理的民主化是针对"一言堂"管理来讲的。对现代管理、对我国高校学生教育管理而言，民主化的管理既是方法也是目标。一方面，它构成了教育工作管理的有效性的重要支撑。通过让学生广泛参与，可以构建起主导意识，加强学校的团结力和凝聚力。另一方面，它有助于培育学生的民主精神，促使学生更积极地参与到学校的管理中。

民主管理含义深远，并且是当今管理的核心要素之一。就中国现阶段的高校实践来说，民主管理的理念在高校教育活动管理中主要应体现在以下两个层面。首先，重视以学生为中心，确认其主体地位；其次，倡导宽宏大量，为学生的成长创造轻松的环境。

1. 以人为本，确认学生的主体地位

实施以人为本的管理理念是教育活动的要义，因此在教育过程中，学生的管理应始终坚持以人为本的核心理念。我们要认清学生是高校管理的目标和重心，"为了一切学生，一切为了学生，为了学生的一切"的观点应作为学生教育管理的基本理念，这同样是柔性管理理念的基本要求。因此，所有涉及学生的学校各部门都应建立以学生为本的理念，并以民主方式进行管理。教育管理人员应理解并尊重学生的个性发展，倾听学生的意见和需求，使学校与学生的发展实现一致。在制定规则的过程中，应调动学生的积极性，并提高透明度；对于在学校工作中存在的任何问题，都应鼓励学生参与管理，倾听他们的建议，这样才能有效地激发学生"自我教育、自我管理、自我服务、自我激励"的能动性。

2. 讲求宽容，为学生发展提供宽松的环境

宽容就是要求学生教育工作管理人员尽量理解或亲身参与到学生的各种创造

性活动中去，鼓励学生在校园文化活动中百家争鸣、百花齐放，不要用简单划一的制度和方式去限制学生，减少对学生的强制要求和无谓监督。若创新存在，风险亦必在，因此对于大学生教育工作的领导者，特别是各院系的负责人，应勇于承受和接受学生可能遭遇的风险和压力，尽最大可能提供援助和支持给那些勇于创新的学生。现阶段，大学生具有个性鲜明、发展多样等特点，故此，学生教育的管理者既要评估学生的学业知识，还需对学生的道德、创新和实践能力等多方面进行考察，以此推动学生个性化的发展。

（三）着重提升服务管理理念，实施个性化的管理

在市场经济的建立和高等教育的普及中，高等教育已逐渐成为一种消费，而大学生则成为特殊的教育消费者。"教育包含服务的本质，教育服务就是教育过程的产出，也可被称作服务型商品，教育商品即是教育服务。"在市场经济环境下，服务的提供者为高校，学生作为服务接受者，在支付学费这个前提下，有权期待接收高质量的教育服务，享受优质的教育资源，而高校也需满足学生这个需求。因此，高校学生的教育管理理念需要改变，在学生最熟悉的基层机构也就是院系，其本质应该是坚持以服务学生为主要的教育管理理念。这也意味着，教育工作的组织结构和管理人员需要按照市场经济的发展需求去服务学生，丢掉过去的行政化、官僚化的教育管理模式，实现教育工作管理的标准化、系统化、科学化的转变。

行动路线要以理念为导向。负责高校各专业学生学业的管理者，应尝试站在学生的角度上考虑，想象他们可能面临的困难，并研究应如何解决这些问题。他们必须细致洞察学生现阶段的思想状况，并把解答学生疑惑作为管理教学工作的常态目标。此外，管理者还要激励学生发挥积极性，鼓励学生主动参与教育工作管理，提出自己的看法。这一做法能够有助于培养学生的问题意识，提高他们分析及解决问题的能力。

二、坚守以学生为中心的理念，改革和完善院系管理体制

（一）构建一个让院系党政共同承担学生教育工作管理领导机制

如果没有院系领导班子的大力支持，基层院系的学生教育工作管理是无法有效进行的。院系学生教育工作管理系统的构建首要任务是指定院系班子全面负责这一管理工作，同时院系的党政领导也需要身体力行。设置党政领导一起负责学生教育工作管理的管理机制，整合院系各部门的力量，使得教务部门、行政部门等能够合理分工与协调，推动基层院系学生教育工作管理有序进行。在院系党政领导的共同负责下，学生教育工作管理既不是单纯的思想教育工作，也不是单纯

的行政管理工作，而应该既是思想教育工作，又是行政管理工作。为了实施党政联合负责，可以在院系党政联席会议中开设一项专门针对学生教育工作管理的项目，以保障其工作的效率和顺畅性。特别强调的是，校学工处应对所有工作实施起到指导作用。同时，为了确保学生教育工作的顺利运行，学校需要赋予院系学生教育工作管理部门一定的管理权力和主动权。否则，如果仅将其视为与院系同级的部门，可能无法成功完成各项任务，甚至可能造成该部门在实现其职能和目标方面的偏离，最终无法达成预期的管理效益。

（二）根据学生的发展和需求来进行组织结构和功能的配置

必须将完备且高效的学生教育工作管理机构作为院系基层学生教育工作管理的基础。长期以来，学生教育工作管理机构可以采取多种形式，以满足学生接受教育的需求。例如，它是否能促进学生全面发展，是否能让学生教育工作管理的工作人员顺利开展工作，以及是否能确保学生教育工作管理部门实现预定的目标。

要加强院系一级的领导和管理。在机构上，成立院系学生教育工作管理办公室，与学校学生教育工作管理处相对应，院系党政负责人共同对本院系的学生教育工作管理负责，院系学生教育工作管理办公室的常务负责人是院系党委（党总支）副书记，成员有学生教育行政办公室主任、团委书记、年级辅导员等。需要注意的是，本科生的教育管理业务是由党委（党总支）副书记主管的，而在许多高校中，研究生的学生教育行政工作由党委（党总支）书记负责。因此，研究生与本科生的教育行政工作都应由学院的党委（党总支）书记把控，实际运作时需要综合考量，优化研究生与本科生的管理模式。

目前，由于大学生数量不断增多，事务量也在增大。尽管学生教育管理团队的规模不断壮大，教育管理人员的数目也在持续扩增，但面临日常学生教育工作的管理及随时处理突发情况的压力，学校院系的教育工作管理团队常会感到力不胜任。因此，应以实现管理的职能化和标准化为目标，进行组织架构的调整，并细化管理职责，以更有效地满足学生的需求。具体来说，院系层面应建立或者设立几个学生利益相关的办公机构。

1.成立院系资助工作办公室

在每个院系都设有专门处理资助相关工作的事务处，管理和控制学生的各种资助活动。其主要职能包括与学校资助管理部门协作，衔接相关任务，并根据学院的专业特性与可能的资助者建立关系，负责整理和发布资助相关的信息。同时，还需要有效管理校内的奖学金、助学金发放业务，并在适当的时候公布勤工助学职位的信息。院系资助事务处有责任深入了解学生的经济状况，对贫困生进行档案管理；同时，积极建立和完善"奖、贷、勤、助、补"的资助体系；教育和引导贫困生自强不息，并大力推广诚信教育，鼓励他们以实际行动回馈社会。

2. 建立院系心理健康辅导室

在社会经济急剧发展的当下，学生所遭遇的心理困扰日益复杂且有独特性。现代大学生对专业心理咨询服务需求持续增长，满足教育管理目标和学生需求成了高校的重要课题之一。实际上，院系和学生之间的交流最直接，因此成立一家专业且符合各个院系特点的咨询机构，并配备了解院系特色且具有心理指导能力的专业人员显得尤为关键。这样的心理指导机构可以利用学校心理咨询中心的资源，对学生进行心理健康建档，更有效地补充校级心理咨询辅导工作，及时为学生提供心理援助。目前，众多高校都对辅导员的职业素质提出了明确的要求，如拥有心理咨询师资格证书，许多辅导员也已经考取了这一资格。此外，院系在进行学生心理健康指导的过程中还需注意以下几点：一是要制订学生危机干预预案并完善档案系统；二是要组织心理健康活动并普及相关知识；三是要进行心理咨询和辅导工作；四是要深入了解学生的心理状况，以便对有心理问题学生进行适当的心理干预。

3. 成立院系学生就业创业指导中心

在院系层面设立院系就业创业指导中心，其职责是利用相关学生教育工作管理人员的专业优势，指导院系学生制订职业生涯发展规划，为毕业生提供与专业相关的求职技能和就业信息，指导学生从事创业活动等事务。院系就业创业指导中心应加强与学校就业创业指导中心的合作，利用院系的专业优势，加强与相关企业的联系，为学生提供高质量就业创业服务。

就业创业指导中心必须紧盯就业创业服务及指导这两大方面的任务，以关注重点、服务重点及推荐重点为原则，寻求整体突破，从而进一步提高毕业生的就业率。

（三）加强院系学生教育工作管理队伍专业建设

一支高水平的学生教育工作管理队伍是基层院系学生教育工作管理开展的组织保障。在我国的高等院校中，管理学生教学事务的工作人员几乎都是辅导员。因此，为了打造一流的辅导员队伍，我们必须从以下几个角度进行深思。首先，必须设立辅导员的招聘选拔制度。可以按照"专业性、科学性"的准则，在选拔的过程中，除了测试辅导员的专业技能外，也要对他们的作风、纪律和理念进行考量，要设定更高的标准和更严格的规定。其次，确立辅导员的训练发展体系，依据大学生教育工作的独特性，我们要制订辅导员的培养计划，可以根据实际需求制订固定和临时的培训机制。再次，需要构建一套评估监督辅导员表现的体系。采用量化评估法，对辅导员的工作进行实时管理，以提升评估工作的透明度和时效性。最后，还要建立激励和淘汰机制。要关注辅导员的个人成长，需要完善评先评优和职务晋升机制，对于表现不合格或者在任期内犯下严重错误的辅导员，给予批评和教育，严重者将被剔除于辅导员队伍之外。

院系教育事务办公室需要高度关注专职及兼职的辅导员在学习指导和管理教育的作用，平等看待所有类别的辅导员，清楚地认识到每个人的责任和权力，创建一支积极向上、充满生机和斗志的辅导员队伍。通过多种途径，如对辅导员的培训、沟通交流及能力评估等，以提升辅导员在以下5个方面的能力。

1. 服务大局，提升凝聚力

学生教育工作管理团队必须始终以学校的追求目标作为核心，坚定不移地遵循学校的发展方向，紧跟学校的发展步伐，确保始终聚焦目标而不偏移，保持耐心并坚定不移。全体辅导员及学生教育工作管理者需要协同工作，共同提高。

2. 加强修养，提升道德力

辅导员必须以身作则，牢记并严格执行校规校纪。辅导员在工作中应该公正公平对待学生，牢固树立以学生为中心的理念，尊重学生的创造力，关注他们的难处，深入了解他们的困难。无论何时何地，都必须记住自己肩负的重任，恪尽教师的神圣职责。

3. 持之以恒，提升学习力

首先，院系需负责给辅导员一个学习的平台，打造一个适宜其学习和"充电"的环境。其次，需要着重培养辅导员的独立思考能力，因为大部分专业辅导员一般为新入职的研究生或者本科生，他们的社会阅历和处理问题的经验都相对较少。最后，辅导员需要恪守理论和实践相结合的原则，力图将所学理论知识转变为解决问题的思路和方法，用于指导管理学生以及推进教育工作。

4. 与时俱进，提升创新力

院系还在一定程度上要求全体辅导员努力探索学生教育工作管理新途径，解决学生教育工作管理中出现的新问题。

5. 爱岗敬业，提升执行力

各位辅导员必须尽职尽责、恪尽职守，保持政策的稳定性，不偏离主旨，合理灵活掌握，不教条主义。此外，需要认真负责，深入了解学生的生活情况，处理学生之间的冲突，调节学生的情绪，处理冲突时要有策略，解决问题时要注意方式。

三、完善院系学生教育工作管理的内容架构

（一）搭建以学生安全管理为基础，推动学生全面发展的保护平台

保障学生的身体健康和财产安全是学生教育工作管理的首要职责。为了实现这一目标，我们必须采取有效措施，搭建一个安全、稳固的平台，为学生提供一个安

全的学习和生活环境，进而维护学生的生命安全、身体健康及财产的安全。

1. 要牢固树立安全第一的思想

通过互联网、公告栏、展示板、主题班会等方式，定期进行安全法治教育，让安全防护意识更深地落入人们心中。例如，提高学生对安全的认识，特别是防偷、防诈骗的认识。

2. 加强对特殊学生的管理

对即将毕业的学生、存在心理问题的学生，以及正在进行外地实习的学生等主要群体的管理需加大力度。

院系学生教育工作管理者需要保持对特殊学生的状况和心理状态的持续关注，一旦发现问题，应尽快进行干预，并在必要时向学校的学生教育工作管理部门报告，以获取更高层面的支持。同时，还需要探究问题的深层原因，以便从根本上解决问题。如针对孤儿和单亲家庭的学生，院系可以多举行座谈会，帮助他们相互理解，提升生活自信；对于经济困难的学生，院系可以提供部分勤工助学的机会或发放贫困补助，以解决他们的经济困难；对于学习吃力的学生，可以安排教师或同学提供帮助；对于被诊断出有心理疾病的学生，需确保其隐私不被泄露，同时邀请心理健康教育中心的教师，为他们提供充分的心理辅导，防止问题的进一步恶化。

3. 建立完善的紧急情况应对预案和校园宿舍管理制度

我们需要定期进行突发事件的模拟训练，以便让学生教育工作管理者通过训练不断积累经验，以在危机发生时，拥有良好的心态和恰到好处的解决方法。同时，建设并完善危机预警机制。一个健全的危机预警体制是学院应对危机的首要工具之一，对于危机的解决具有巨大的影响力。

（二）构建指导学生成长成才，促进学生全面发展的服务平台

现代大学生应有的各项才能可概述为思想和实践两个方面。

1. 思想领域

在大学生中，思想素质的提升主要依赖于思想政治教育，同时学生的党建工作是基层院系学生教育工作的核心部分。对共产主义理想信仰、社会主义核心价值观等一系列的前沿理念，大学生应深谙其理。因此，在新的时代背景之下，基层院系学生教育工作管理体系应以党建工作为核心，将院系建设成为对学生进行思想政治教育的重要阵地，并利用党建工作来推动其他种类教育的持续发展。

2. 实践领域

高校以学生全面发展为主旨，树立了教育教学的核心理念。以学生全面发展为依据，设置旨在全面提高学生技能的综合辅导机制。首先，规划学生的专业发展路线。针对大部分学生在度过第一学年后对自身专业知识理解不足的情况，有

必要让学生在刚入校时就开始了解并掌握专业技术，并对专业的学习特点、学习手段和就业潜力有深入的了解。其次，指导并培养学生适应社会的各种技能，院系必须全面了解社会发展的实际状况，结合现代学生的个性化需求，有针对性地组织相关活动，制订行动计划，并保证贯穿于学生的整个大学生涯。

第三章　高校人才培养模式改革及多样化研究

第一节　高校人才培养模式的含义

我们把"人才培养模式"理解为，根据特定的教育观念和理论，由人才的培养目标、学制、培养计划及过程等因素组合而成的一种相对固定的教育教学流程和运转机制的总体概念。简单来说，它就是人才的培养目标、培养规格和基本培养模式的综合系统，通过对各构成元素的优化组合，创造出许多独特的培养模式。

一、高等教育人才理念的确立

（一）人才的概念

通常来说，人才是指在智力或实际贡献方面表现优秀的人。人才有以下主要特性：一是他们的优秀程度，这可以体现在他们的出色表现，或是他们在再现型劳动中作出的超量贡献，或是他们在创新性劳动中取得的显著成就。这是人才的核心特质。二是他们的相对性，也就是说，人才的标准总是会随着历史时期和劳动领域的变化而变化。

像全知全能、专业才能、多才多艺等各种人才类型各自对应着科学革命、工业化、现代化等不同的历史阶段。

人才具有广泛性。人才能够体现出各种类型、不同的层次、不同的规模，正如我们常说的"三百六十行，行行出状元"，就是这个意思。

人才具有动态性，这指的是人才是源于一直的学习和实践。此外，人才的素质也在永不停歇地发展和变化。

人才的概念涵盖面广，伴随着历史和时代的前进，其内涵也在不断更新。随着新世纪的到来，经济全球化及科技的飞速发展推动了人才的全球化趋势；全球经济结构的调整也提高了对人才素质的要求；国家力量的竞争更偏向于关注科技创新和人才培养。换句话说，20世纪世界的富足源自物质资源，而21世纪世界的繁荣则源自人力资源。以综合国力为核心的全球竞争最后都会落实到人才的竞争上。谁能更迅速地培养创新型的人才，谁就能抓住历史的机遇，赢得未来的主导权，占据国际竞争的优越地位。

（二）现代人才的基本类型

随着技术、经济和社会的发展变化，各企业和组织及行业需求的人才也存在较大区别。因此，高校需根据不同的需求层次，有针对性地培养满足21世纪需要的综合素质高的新型人才。最重要的是通才的养成，并不着重"全知全能"，反而强调对知识、文化与人品完整性的重视。其教育特色主要体现在广博的学科知识教学上，基础知识和专业知识的联系较为疏松；学校更加倾向于对学生进行理论基础和工程科学的整体教育，在课程设计中注重科学技术与人文科学的融合和交叉，其目的在于通过这样的教育方式，培育出具有扎实的理论基础、广泛的认知能力、出色的适应性，并在工程科学技术领域有多方面发展潜力的人才。人才可以分为以下3类。

1. 专才

相较于通才培养，专才教育的关键在于：在广博的基础理论和教育的基础上，更强调与经济增长紧密相关的专业课程及高级专业技术的训练。基础知识和技能与专业知识有着深厚的关系，其中基础知识为专业知识服务，学科领域一般集中以科学理论为主而非文学艺术。它的目标是培育学生毕业后能立刻进入职场，展现专业能力，成为"现成的专家"。

2. 复合型人才

我们培养的是具有多重能力的复合型人才，学生在接受教育的过程中，不只是掌握本专业的扎实的理论知识和专业技能，如人文科学、经济学、管理学等知识，也要学会其他的第二或者第三专业的基本知识和技巧。此种教育模式的目标是培养能够适应多学科、多专业工作需求的人才，如既精通理科也对文科有深入了解，将理科技术与管理学科相互融合的全面型工程技术人才；既掌握生产技术，又懂得经济管理；既具备国际贸易知识，又能使用外语的全才型经贸人才。

3. 交叉性人才

随着科技的飞速发展，许多新兴的学科和领域如同春雨后的竹笋一样涌现。这些前沿科技提出的问题打破了传统学科的界限，创新地构建了新的交叉课程，孕育出新的复合学科。例如，将生物科学与电子科学结合就诞生出了生物电子学；艺术的复兴渗透到工程领域，形成了建筑艺术、产品艺术等新的学科。此外，还有新能源、新材料等新学科的出现。培养精通这些新兴专业中复杂技能的人才，是现代社会所期待的。

（三）大学教育对人才的培养极具时代特征

教育实质上是高素质专业人才的培养，尤其以培养具备创新及应用才能的先进人才作为高校的首要职责，本科教育阶段在人才发展中占有举足轻重的地位。在高等教育普及化及我国高等教育体制转型的大潮中，大量由中央部门统管的学校纷纷划归地方，建立以省级教育为主导的格局。由此，地方性的高校成为推动高等教育普及化和本科人才培养的关键力量。

随着 21 世纪全球人才竞争的加剧，使得对人力资源的需求越增越烈，可能还会引发国际力量和地位的重新排位。对于高等教育而言，新的任务就是培养勇于应对新科技革命，能够积极适应并推动甚至领导科技、经济和社会发展的跨世纪人才。为此，大学阶段的工程教育应注重专业的全面性，培养具有创新意识，扎实的工程基础，丰富的业务实力，深入的工程理念，科学的工程方法及必要的经济管理知识的学生。在此之上，要强化文化修养和素质教育，防止教育走向"去人文化"的倾向；还需进行充实的实践操作，提升实用性和针对性，以防止工程教育出现"非工程化"的现象。抛开国内顶尖高校来看，地区性高校正面对诸多现实挑战：教学深度较浅、生源质量低、地方性人才需求广泛且复杂，以及人才培养必须覆盖面广等。与此同时，招聘单位对地区性理工学校毕业生在知识构架、思考模式及综合能力等方面的需求标准也在日益提升。这一切都迫使我们必须重新定义人才培养的目标，力争培养出富有强烈求知欲、思维活跃富有创意的创新人才；努力培养出既有深厚专业知识，又具备良好外语交流才能，能积极参与国际竞争并能主动保护国家利益的复合型人才。

二、高校人才培养模式与课程模式

（一）大学人才教育模式与课程设计方式的关联性

教育活动是学校培养学生逐渐具备独特技艺和知识的过程。人才的成长是一个充满动态变化的过程，并表现出一定的模式特征。人才培育模式的本质是以特定的教育思想和理论为导向，为实现教育目标而进行的教育活动的组织和运行方式，这些方式在实践中形成了一定的风格和特征，有着计划性、系统性和模型性的特点。一般包括专业安排、课程设置、教学方式、教学活动运行机制和非教学方式等。针对一定方式改进并整合传统教育模式中的合理元素和有利于人才培养活动的新要素，可以形成人才培养模式。人才培养模式在其形式上是规范和稳定的，其特点主要体现在人才培养活动的特殊性上，也就是每种模式都与其他模式有所不同。简单来说，每个人才培养模式都有其特定的目标、结构模式、操作规则和行动方式。

人才培养模式的核心手段是课程模式的运用。"课程"是指学校针对既定的教育目标所设立的各种科目及校园文化、教育活动的整体安排。它不仅是教学过程的主要内容，也是实现教育目标的重要一环，是提高学生素质和创新精神的根本路径。"课程模式"可以被解释为在一定理念下的课程构造，包括课程的设置、实施和管理等全过程。因为人才培养的目标被内化到课程里，所以学生完成课程的要求即等同于实现培养目标。因此，人才培养模式应在课程模式中得到切实体现，并以人才培养模式的要求来引导课程模式的改革和发展；同时，课程模式也需根据人才培养模式的持续优化进行适应性的调整。课程架构、教育体系、内容、方法的变革，实则是人才培养模式改革的本质体现，也是教学改革的核心。

（二）我国课程模式的变化及发展趋势

我国在解放之初，选择模仿苏联的人才培养方式，目的是训练出符合标准的工程师。当时的教育理念强调的是对各学科的深入授课和对经典知识的重视，重视对学科专业理论知识的系统有序和递进的教学方式，却对能力的塑造视而不见。从20世纪80年代中期开始，我国开始提倡在教授知识的同时，也要重视学生能力的提高，并在人才培养的办法上作出调整，引入了全面教育的观念。此后，高等教育并不是教育的最终环节，人文素养教育和终身学习的理念在我国开始逐步普及和推广，提倡知识、技能、素质的均衡发展，更重视对学生学习方法和个人修养的培养。到了20世纪90年代末期，课程模式逐步地改变为加强和拓宽学科基础知识，增进和强化实践环节，目的是培养和提升学生的全面素质。课程模式的发展呈以下趋势。

首先，逐渐将课程现代化。在课程架构的现代化上，根据科学技术进步来更新课程分类，开设新的课程以反映现代科技的发展成果；同时，把课程的内容，以及教学方法和手段现代化。

其次，课程正在不断地朝着综合化发展。各个学科的互相融通和整合已经变为当前教育发展的主要特色。课程的综合化与学科专门化的交融及其复合的潮流相契合，一方面揭示出基础科学、技术与工程科学的结合，另一方面也显示出人文科学、社会科学与自然科学的互相贯穿。这样做旨在增强学生对多学科相互关系的理解，以及提高学生的整体性分析能力和创新能力。

再次，计划逐步增强课程架构的完备性和合理性。课程的构建注重基础性、应用性、个化和全球化。在创建课程框架的过程中，我们将保证课程结构的逻辑性、课程材料的连贯性及知识体系的整体性，这样可确保课程体系各环节的整体性与人才培养目标相一致。

最后，逐渐提高课程体系的灵活性，以确保它具有自我调整的能力，可以随时响应社会需求的持续变化。鉴于新知识的快速增长和学生广泛兴趣的持续增

长，也将逐渐增加选修课的份额。

第二节 高校人才培养模式及其多样化嬗变

一、人才培养模式多样化的内涵

实际上，人才培养目标、教育制度、培养计划和教育过程等要素的综合，构成了人才培养模式。然而，由于人才培养模式具有特异性，不存在一个通用且完美的模式。为了实现一定的教育成果，我们可以通过目标、过程、制度、计划等要素之间的相互作用和调整，适时更改不同要素的组合，以此创造出各种类型的人才培养模式。人才培养模式的多元化，本质上是适应社会进步与经济需求，响应各类各层次人才需求的基础上，灵巧地组合人才培养模式的要素，使其丰富多变且与众不同。因此，各高校可以依照自身教育资源和条件，结合社会需求来科学制订其目标，构建自身的人才培养模式，进而形成独特的办学特色。

二、人才培养模式多样化的必然性

（一）我国社会经济现状和未来发展要求人才培养模式的多样化

对中国经济社会的现状进行分析，可以发现，我国存在明显的社会经济发展不平衡现象。各个区域在生产力的进步水平、工业布局、地理环境、发展策略、资源利益、发展途径，以及相关的传统文化、生活习惯等方面都存在差异，使得各地区的经济发展呈现出不平衡、差异性、多元化和动态性等特点。生产力水平的差距，导致了各地高校在人才培养的标准和质量上有所不同；工业结构和地理环境的不同，则直接影响高等教育的学科设置结构；经济发展策略和模式的差异，也会对大学专业的设置产生重大影响。强调教育发展是经济社会和区域发展的必然要求，这自然导致高等教育需要制定与地区经济、社会发展不平衡、差异和动态特性一致的多样化的人才培养模式。同时，中国加入 WTO 之后，中国的经济制度、经济操作规则、经济法律等都将与国际习惯和全球认可的标准对接，这也要求每个地区的所有产业都必须应对激烈的国际竞争，去面对经济市场的全球化、国际化和现代化的挑战，这也加大了社会对各种国际化人才的需求，推动高校实现人才培养的多元化。

现阶段，中国正处在从计划经济转向市场经济的过渡期，其经济发展模式也在由粗放型向集约型转变。随着这两大主要变化的实现，定会催生许多变化，比如，产品结构的适应性调整、企业集团跨领域的整合重构及管理策略的变革等，

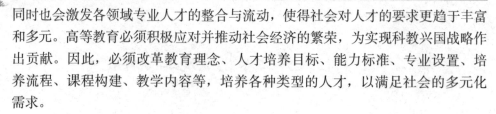

同时也会激发各领域专业人才的整合与流动，使得社会对人才的要求更趋于丰富和多元。高等教育必须积极应对并推动社会经济的繁荣，为实现科教兴国战略作出贡献。因此，必须改革教育理念、人才培养目标、能力标准、专业设置、培养流程、课程构建、教学内容等，培养各种类型的人才，以满足社会的多元化需求。

（二）多元化的人才培养模式是学生个体发展的必然需求

随着中国逐步走向现代知识社会，需要接受高等教育的人数不断增长。这样的发展模式导致学生在年龄、知识层次、技能培养、整体质量、家庭环境、社保履历、入学基础和发展潜力等多方面的差异性、复杂性和多样性越发显现。同时，个人的发展需求正在受到社会经济改革等外部因素的驱使和个人的社会责任、追求理想、提升素养、完善人格等内部动力的唤醒。对探索新的观念、思维方式、知识点、技术手段、事物、文化、环境，对传统文化和外国文化的理解和传承等方面的学习需求，对提高创新力、竞争力和工作效率，追求崇高的政治信仰及更高的职业和生活目标的需求，对提高生活质量等多重变化的需求，正推动高校形成多样化的人才培养模式。

学生群体由多个独特的个体构成。这些个体间的差别让我们恪守"因材施教"及"因需施教"的教育主张和规律。首先，应当根据培养目标让学生了解自身的智能基础、发展方向、兴趣、爱好、专长等，扬长补短，引导他们朝着最有利于他们发挥优势的方向发展。其次，我们需要在教育过程中充分考虑每个学生的个性，并运用各式各样的教学手法来达到教育目的，鞭策他们努力追求在知识构建、能力、素质、智力进步、体质、情感表达和个人素养等多个方面可能达到的最大极限，以实现对自身的最优化发展（而非和他人相比）。为了实现上述目标，我们需要推动人才培养模式的多样性。

（三）人才培养模式多样化是高等教育的特点和其非平衡发展的必然结果

高等教育相较于其他教育阶段的核心特点就是其学术渊源和就业导向。它的主要任务是为不同领域、不同层次的专业需求，提供分专业的人才培养计划。

我国的大学和学院数量繁多，规格不同，教育层次丰富多样，各大学和学院在传统价值、教育基础、教育条件和教育质量及他们所处的地位上存在很大的差别。国家和高校所在地区对他们有着不同的需求和期望。因此，不同类型和层次的大学和学院有他们特有的任务分工、发展目标、优先事项和特色，这构成了一种互补关系，是不可取代的，这也使高等教育在其教育目标和人才培养模式上要多样化。

（四）推动人才培训模式多样化的动因是高等教育的大众化

在高等教育领域，从精英教育转向大众教育是社会、经济、科技及文化不断发展的必然结果，这是无论哪个国家都适用的道理。我们可以从全球高等教育的发展历史中看出：许多国家的工业化进程常常伴随着高等教育的大众化。当前，我们的国家正在经历工业化，同时也是向社会化、市场化和现代化迈进的关键时期，高等教育也正在从精英教育向大众教育转型。现代社会对人才的需求非常多样化，除了对学术型高级专业人才的需求外，应用型、技术型、职业型的各层次各类型的专业人才同等重要，尤其是对后者的需求更高。

根据美国专家马丁·特罗的看法，随着高等教育进入大众化阶段，其在规模上明显扩大，而且高等教育的理念、实践的方法和形式、学术要求、经营模式，以及招生和聘用教职人员的政策和方式等，都将经历一些有意义的改革。若我们将高等教育大众化视为给予人们获取高等教育机会的增加，那么人才培养模式的多样化就是以尽可能丰富的方法来满足人们对高等教育内容的需求。因为在进入大众化的时期，社会对高等教育的需求逐渐增多，寻求接受高等教育的人数也在不断提高，学生的来源、层次及差异性都变得更加丰富。基于因材施教的教学理念，未来的高等教育结构和人才培养手段将会更加多样化。

（五）教育终身化和社会化的发展趋势要求人才培养模式多样化

随着科学技术的不断创新和知识经济的不断发展，知识尤其是专业知识的使用有效期正在缩短。全球经济的快速发展，也在迅速地改变传统的生产方式和管理理念。人才的知识和技能正在经历巨大的变化，因此过去的传统的一次性学校教育方式已经无法满足经济发展的需要。同时，随着生活水平的和生活质量的进一步提高，终身学习新的知识、技术、思想及新事物已经成为人们生活的基本要求。为了实现全民教育和终身学习的目标，构建学习型社会，我们必须打造现代的终身教育体系。其中，继续教育是推动终身教育的主要途径，而成人教育是这种社会形态的核心。

正规教育、非正规教育和非正式教育都被视为终身教育的一部分。具体而言，终身教育可通过回到大学继续深造、企业或科研机构内部培训，或者社区的业余教育等多种方式来实现。《中华人民共和国教育法》第十一条明确了这一点："国家适应社会主义市场经济发展和社会进步的需要，推动教育改革，促进各级各类教育协调发展，建立和完善终身教育体系"。此外，第四十一条规定，国家鼓励各学校和其他教育机构及社会团体为公民接受终身教育创造条件。这些都表明，我国在法律和政策层面上认可了终身教育的重要性，并通过建立普通教育、高等教育、职业教育和成人教育等体系，不断强化各个教育体系之间的联系，为公民的终身学习提供可能性。

为了建立并发展一个终身学习的社会，必须将常规的高等教育融入终身教育体系中。高等教育不能被视为教育的终结，而应被视为知识型青年在成为社会成员前的主要学习阶段。对于高等教育的新定位，将会使整个体系的重塑，包括不同层次、不同形式的高等教育沟通、连接和开放；在同一层次的不同领域、不同类型、不同标准间，存在相对独立又相互交融的现象，通过多样化的人才培养模式，能够将社会和学习人员的各种需求与高校的教学条件和特色有效结合起来。此外，科学和多样化的教育方式也将大力推动人才培养模式的多样化。

（六）高等教育和高校的发展需要人才培养模式的多元化

事实上，高等教育扮演着连接社会需求和个体需求的桥梁和纽带的角色。在现代社会里，每个层次的角色都展示了各自的价值观、科技条件、专业或职业的知识技巧及运作模式。每个人的成长历程、社会预期、天赋与性格、家庭财务状况、个人兴趣和学业表现等都各有差异。只有人才培养模式多元化，才能实现社会和个人需求的多样性融合与实践。但是，由于资源的限制，地区性理工学院必须明确方向，找准位置，挖掘优势，规避劣势，优化资源的管理和使用，提高办学质量。这样才能推进高校的发展，进而推动高等教育的持续进步与优化。

很多人一直关注的是学校在全国高校中的名次，但社会和学生更看重的是大学里各学院（系）和专业在全国乃至其所在学科的影响力和势头。这也说明，即便在国内大学排名低的地方性理工大学也可以依托当地的资源，培养人才，通过多元化的人才培养模式来形成自己的办学特色，必然会有其自身的招生市场。由此推断，单一的、雷同的人才培养模式无疑会导致人才和学校的同质化，这对于高等教育的发展是不利的。人才培养模式的多元化可以确保新的经验和模式不断涌现并被延伸应用，从而持续为高等教育的发展注入新的活力。因此，人才培养模式的多元化将有助于产生新的办学经验和模式，形成推动大学发展的新的增长点，有助于教育创新和形成独特的办学特色。

总的来说，多元化的高等教育人才培养模式既由教育的外部规律推动，同时也受教育内部规律及人才发展规律的影响。

三、人才培养模式多元化的表现方式

（一）学校办学指导思想的多样性

《中国教育改革和发展纲要》明确指出：高等教育的发展"要区别不同的地区、科类和学校，确定发展目标和重点，制定高等学校分类标准和相应的政策措施，使各种类型的学校合理分工，在各自的层次上办出特色"。因此，高校需要

对自身进行精确定位，确定办学目标。高校精确定位包含以下 3 个要点。

1. 高校办学层次的确定

我国的高校根据其承担的责任和义务，主要被区分为四个层次：研究型大学、教学研究型大学、教学型本科、专业学院及高等职业技术学校。由于各个大学在高等教育体系中的角色和责任不同，因此他们的教育类型也有所不同。许多地方的学院通常属于教学研究型大学和教学型本科的层次，这些学校通常有很强的区域性、本土性及行业特色。任何一所大学都应该根据社会的需求和自身的条件，准确地确定自己的办学层次，以保证学校的教育目标的实现和学校工作的有效性。

2. 对学科布局进行定位

知识的继承、发展、创新及传播在高校中以学科为基础。学科专业结构的调整需要顺应科技进步的需求，积极预见 21 世纪社会经济及行业发展的方向，专注于学科发展的核心和前沿领域，恪守"有所为有所不为"的原则。调整学科布局的关键在于改变各专业重叠、分散及"小而全"的问题，努力打造高质量、特色鲜明的学科，发展和组建针对国家和社会急需的应用型学科。

3. 服务面向定位

服务面向针对高等教育在培养专业人才、开展研究，以及向社会服务等方面的适应能力。在许多地方，高校是当地政府为了满足本地建设的经济需求而建立的。我国地域辽阔，各地的自然资源和其他情况存在极大的差异，由此造成各地社会经济发展状况的不平等。因此，各地高校在与地方经济发展的结合过程中，不能盲目地实行统一模式，即使在同一区域，不同类型或层次的高校（如以单科为主的高校与多科型的高校；本科高校与专科高校）也不能采取同样的模式。相反，应当对本地的社会经济特点有所了解并掌握，根据自身的特色和优势，找准结合点，确定自己的结合模式，从而掌控办学的主导权。

（二）培养目标模式的多样性

人才培养模式取决于培养目标。自从中华人民共和国成立，我国高校受到苏联教育理念的影响，广泛采用了专业人才培养模式。然而，随着我国社会的发展和变化，这种模式的缺陷也开始暴露出来，不仅无法适应社会发展，且严重阻碍了学生和学校的持续发展。因此，为了培养出既能满足我国社会主义现代化要求，又具备扎实的基础、知识丰富、能力强、素质高、富有创新精神的高级专业人才，我们必须全面改革过去的培养模式，逐步建立以综合素质为中心、知识教育为导向、能力培养为关键、创新精神为突破，基础教育与专业教育相结合、理论与实践训练相结合的综合型人才培养模式，包括专科、本科、硕士、博士不同的层次，以及研究、设计、开发、运筹、规划等不同的活动类型，侧重于现场服务，同时涉及生产销售、经营管理、技术咨询服务、安全监督、质量管理、法规与标准、决策咨询及教育和培训等多元化的职业领域。通过巧妙组合，这些教育层次和工作类型可以在不同地域和行业领域，形成不同的人才培养模式。

针对我国的工程技术水平及高等教育工程的实际状况，结合工程师在工业生产和工程领域的各种职位，常常将高级工程人才归类为工程科学方面的人才、技术类工程人才、工程应用类人才和工程管理类人才这四个部分。对于这四种不同的工程人才，应建立各自差异化的培育目标。

（三）管理（制度）模式的多样性

人才培养的管理（制度）模式，主要包含以下 5 种类型。

1. 学分制模式

学分制能够刺激学生的学习积极性，并对学生的个性化发展起到推动作用，它允许教育参与者具有更高的自主权和选项；它有助于孕育出具有高素养和创新技能的专业人才，满足市场经济条件下对多样化人才的需求；它有助于激发教师进行教育教学改革的热情，更新教学内容，改进教学手段，提升教学品质；它有助于推动改革管理体系，提高管理人员品质，实现高效率的管理、优质的服务；它有助于推进国际化的步伐。学分制的特点：首先，通过院系招生，根据学科专业制订教学计划，实行大类教学，根据学生和社会的实际需求进行专业的培养，为毕业生提供良好的学科发展基础和较的知识面，以具备适应未来工作岗位变化的工作能力。其次，给予学生更多的学习自由权，学生可在不同的系、专业中选择课程，通过完成第二专业所需的学分，可以获得第二专业的辅修证书，这为培养具有复合知识结构的人才提供了可能性。再次，允许学生发展自我独有的个性和优势，对较优秀的学生、尖子生进行个别化教育。最后，实施弹性学制，在 3 ～ 6 年间甚至可以更长。但实施学分制教育必须以优质的教师条件、教学环境和高层次的管理为前提，否则可能会造成教学秩序的混乱。

当前，因为国内大学的自我教育能力和管理层次的限制，许多高校实际上实行的是学年学分制。这个制度是基于原有的学年制而构建，通过将学时转化为学分，并添加选修课。只有完成规定的学分，学生才能获得毕业资格。然而，学生选择课程的比例和范围并不像学分制那么大，学制的灵活性也较差。

2. 学年制模式

学分制在教育组织的严谨、学识掌握的体系性和人才培养的实效性上有其局限性。学年制的优点能够弥补这些不足，特别是在教育资源有限、学生基本能力差的情况下，相同的时间长度，学年制能造就更多的优秀毕业生。

这种模式是一个双阶段学分制。换句话说，低年级按照学年制进行，高年级则按照学分制进行。这样的安排能够最大限度地利用这两种制度的优势，规避它们的弊端，形成严谨规范与促进个性发展的灵活性的完美融合。

3. 主辅修专业模式

主辅修专业模式特点体现在学生除了主修一个专业的课程外，还可以通过选修不同的科目或辅修学科，掌握第二个学科领域的基础理论。利用这种教学方法，他们会具有两个或者更多领域的知识和技巧，进而成为满足各种学科和专业需要的综合型人才。实施主辅修专业教育模式，可以培养具有坚实实力、理工并蓄、人文与科学相互渗透的高级人才。这类人才既能掌握工程技术，又对经济和现代管理有深入理解，既拥有国际商务知识，又能熟练运用外语。这样精通多种学科的复合型人才，适合成为国际化的工程师角色，这种教育模式也为复合型人才的培养提供了一套有效的实施机制。

4. 双学位模式

双学位模式是指学生在获得第一个学士学位的同时，还可以继续攻读第二个学士学位，进而拥有两个学士学位。其与主辅修专业制度的区别在于前者涉及的学科范围更广。在此制度中，为了获得双学士学位，学生需在第二个专业的核心课程中取得相应的成绩，完成重要的实践环节、毕业设计（论文）和答辩，并在需要时参加实习。这种制度极大地调动了学生的积极性和挖掘了他们的学习能力，更节省了他们的在校学习时间，进一步提高了高校的教学效率。

5. 本硕连读模式

有些重点院校借鉴国际先进的高校教育改革成效，为了充分利用学生的较高起始水平和基本素质，找到了一种培养模式——连贯地获得本科和硕士学位，作为培养高层次优秀人才的策略。此模式的特点包含："全面规划本科及硕士教学、向更广领域延伸、提高素质教育的质量、强化基础教学、面向实际工作需求导向"。也就是说，让学生将 70 % ～ 75 % 的课程时间花在大类基础学科课程的学习上，以期能获得格外深入的跨专业科学基础知识及综合的专业技能和创新能力。在这种模式下，毕业的学生能同时取得学士和硕士学位，其后的主要职业方向是致力于基础科学研究和新技术的开发研究。

（四）过程模式的多样性

人才培养的过程模式是实现人才培养目标的教学过程的组织形式，其中包含各种教学模式。主要的流通模式有以下几种：

1. 大类招生和阶段培养模式

为了适应我国市场经济环境下的职位频繁变动和现代科技的迅速发展与深度融合，采用了大类招生和分阶段培养模式，以期培养出适应性强的宽口径复合型人才。绝大部分高校正在努力实施以学科大类（或系别或学院）作为基准的招生策略，并在四年的教育阶段划分为两个阶段：首三年主要拓宽基础学科，并坚持将全方位教育和必要的专业实训结合在一起；到了第四年，根据社会需要进行专业划分、专业教育。部分高校紧密地将德育、智育、理论实践，科教和专业实训结合在一起并统一推进。

2. 联合培养（产学合作教育）模式

一些国内的高校正在研究并应用被称为联合培养（产学合作教育）模式。这主要是为了在教育过程中注重实践部分，以便有效地提高学生的实践技能。在这种模式下，学校和企业将紧密合作，共同参与教学。其中，"三明治"模式和"交替型"模式是两种主要模式。

首先，"三明治"模式将学习阶段细分为三个阶段。第一阶段，学生主要在学校内进行学习，包含所有或部分的基础科目、专业基础科目及专业科目，同时完成规定的实践性基础训练。第二阶段，学生会被派遣到工厂或研究所，以技术实习生的身份参与实际的专业实践，目的是提升他们的专业技术能力。第三阶段，学生将回到学校，按自己的意愿选定专业方向及适合自己发展的课程，并且完成在专业实践中选择的毕业设计课题，从而拿到本科学士学位。这种"学习—实践—再学习"的双向互动教育模式，是训练出拥有较高实践能力的专业技术人才的有效途径。

其次，"交替型"模式将学习过程划分为四个或更多阶段，从基础知识到专业知识逐步深入，结合理论和实践，让课堂教学和专业实践交互进行。

采用与海外大学的联合培养模式，高等教育为应对经济全球化需求，需要提升其国际交流程度，以培养能适应全球化需要的高素质人才。通过与国外的合作，我们可以培养出精通国际贸易规则、熟悉国际科技发展趋势的优秀人才。

3. 教学模式

教师与学生的教学和学习都是个性化的行为。只有当教师依据自己的知识背景、技能层次和独特性质寻找适合于自己的教学模式，确立自己的讲授方法，自己的教学能力最大限度地展现出来，这样才能用个性化的教育模式影响学生的个性化发展。教育模式包括辅导法、问答法、讨论法、案例法、发现法和创新教育法等。他们的相同之处在于改变了传统的灌输式教育模式，从教室为中心、教师为中心的模式转变为以学生为主和以学生为本的模式，充分激发出学生的内在积极性。

第三节　高校人才培养模式的多样化发展的成因分析

一、内因

（一）学科知识的分化发展

在当今社会，科学技术迅猛发展，核心标志包括纳米技术、生物芯片及克隆技术，这些都是 20 世纪科技发展的成果。当前，以科技为引擎的高端科技及其相关产业正在迅猛增长，信息科技已在全球经济社会及日常生活中得到广泛应用，推动产生了巨大的产业和财富，且极大地改变了人类的生产和生活方式。一个国家的科技实力在一定程度上决定了该国的生产力和综合国力的提升，其中技术创新扮演了举足轻重的角色。科学知识的更新换代速度正在逐渐加快，其存量也在飞速上升。据预测，人类在近三十年获得的知识量大约和过去两千年的积累相当。以知识增长为例，19 世纪的知识每 50 年翻一番，20 世纪中期则缩短到每 10 年翻一番，20 世纪 70 年代之后又进一步缩短为每 5 年翻一番，现如今更是每 3 年翻一番。据预测，到 2050 年，我们现在所掌握的科学知识可能只会占所有科学知识的 1%。

随着科技的进步，科研领域逐渐细化并孕育出众多新学科，推动了知识体系的专业化演变。同时，各学科间通过融合和相互作用，呈现出综合化、整体化的发展趋势。我们所在的现代社会，很多新兴产业、新产品、新专业等，都是由不同学科和专业交融而来的结果。

科技的发展在各个历史时期都受到分化与综合两种力量的影响，但这两种力量未必同等地发挥作用。在古代，科技的发展主要是由综合为主导，而在近代分化成了主导力量。在今天，科技的进步依赖于深入的分化和广泛的综合，其中综合已逐步成为主导。现代科技的规模巨大且一日千里，它纵横交错，纵向的分散程度更大，向微观和宏观两极拓展。横向的交融和渗透变得更加频繁，催生了许多边缘、交叉、跨领域和综合学科。学科间的边界日益模糊，横向融洽得更为紧密，在各种合作中互补不足，形成群体优势，携手发展和深化。据统计，现代科学技术包含的许多学科中，近 80% 为综合和交叉学科。因此，在高等教育领域，各个学科间的理论、思想和方法的借鉴和转化变得越来越显著，学科发展的综合化将进一步加快，尤其是自然科学的综合和自然科学与人文科学的综合，都将引领新学科和新领域的出现。例如，环境问题的研究需要集合人文社会科学、地理学、大气科学、化学、生物学等领域，推动了环境科学这个新学科的诞生。科学社会化和社会科学化的深入发展，有助于学科间的文理传承及自然科学与人文社会科学的相互交融。

科技飞速发展不仅推动了社会生产与生活的现代化进程，同时也使得社会更为迫切地需要各式各样的人才，这实际上反映出社会对于多样化人才培养模式的需要。但问题在于，高等教育在很长一段时间内都存在着过于偏重某一学科或行业的趋势；专业领域过于狭窄，许多课程过度拆解知识点；学校、学科、专业甚至课程都各自为政，自成一派，过分强调各自的系统化和完整性，过分注重培养各自专业的"专家"，而没有从科技快速发展及其综合化、整体化的角度出发去思考更新教育理念、改革人才培养模式的问题。科技的进步和社会的发展正在推动高等教育改造传统的、课程设置偏重专业化、教育内容限定在某一专业领域的人才培养模式。许多国家已经开始或正在转变过去单一关注专才教育的状况，更加关注和强化全面性教育。因此，学科知识的专业化发展推动了人才培养模式的改革，加速了人才培养模式多样化的步伐。

（二）高等学校目标体系的调整

按照一定历史社会时期的客观需要和教学目标，高等教育的培养目标得以确定，这不仅是国家对大学毕业生的基本素质和能力的要求，也是确立培养模式、建设课程结构、挑选教学内容的关键依据之一。

我国的高等教育总目标由党和国家的教育方针所决定，目的是培养德、智、体、美全面发展的社会主义接班人和建设者，这是每个层次和类型的学校教育的共同追求。高等教育的人才培养目标可以细分为三个层次：整体的高等教育培养目标和基本要求；各个层次（专科，本科，研究生）的培养目标和基本要求；分学科、分专业的培养目标和基本要求。1998 年我国颁布的《高等教育法》中指出，高等教育的任务在于"培养具有创新精神和实践能力的高级专门人才，发展科学技术文化，促进社会主义建设"；同年，在全国本专科教育教学大会上明确指出，"知识、技能、品质三个维度有机相融，基础扎实、知识广博、技能熟练、品质卓越"是 21 世纪高等院校的人才培养目标。

然而，不同的高校其性质、学科设置和服务目标在一定程度上都有差异性，故其教育目标也应适当区别对待。这些目标应当顺应 21 世纪社会、经济及科技发展的潮流，创建一个多元化、特色鲜明并且逻辑合理的人才培育体系。在确立人才培养目标过程中，我们应当克服对只需一种类型人才的误导，而应注重多样性的需要，并着重于个性和共性的统一。共性就是在同等学力教育背景下基于国家教育基准的满足。个性则是考虑到各校的地理位置、优势条件和特点，订制出

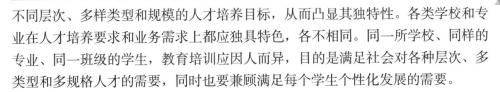

不同层次、多样类型和规模的人才培养目标，从而凸显其独特性。各类学校和专业在人才培养要求和业务需求上都应独具特色，各不相同。同一所学校、同样的专业、同一班级的学生，教育培训应因人而异，目的是满足社会对各种层次、多类型和多规格人才的需要，同时也要兼顾满足每个学生个性化发展的需要。

（三）学生主体意识的增强

1. 主体意识的构成与大学生主体意识的基本内容

主体意识是个人在理解世界及其改革中的实际物质活动中占主导地位的自觉认识，也就是自我对本体的身体、心理状态及环境内人、事、物变化的自主综合的感知与认识。其实质是一种独立意识、主人意识、超越意识，即对必然的理解和认识，对自我精神、权利和行为的自主，对主体自我的一种超越。它以自我认识为根基和条件，又超过了自我意识。

大学生主体意识的含义是：在高等教育和利用获得的知识为社区提供服务的活动中，大学生扮演主导地位的自我感知。它本质上是一种强烈的社会责任和社会主人翁意识。其中，包括大学生对社会、时代、专业等各方面的认识。

对大学生而言，不论作为单一个体还是群体，他们都处在一定形态的社会关系中。无论是个体还是群体，他们都需自觉地理解自己与社会之间深厚且复杂的联系，并认识到这种联系所引起的自身对社会的义务和对他人的责任。大学生需要清楚自我对社会的责任感，积极学习并投身于社会公益活动，强化自我与社会的联系，这既是他们的基本职责，也是他们社会生活的核心原则。在这个特殊的关系中，大学生的社会意识不仅反映在自我认识上，也反映在他们对社会联系的理解上。综合看来，大学生必须具备的意识有责任意识、使命意识、进取意识以及自我反思意识。

大学生应对当今的时代有深入的了解和认识，包括对过去、现在及未来的全面洞察。对过去的洞察催促大学生需在一定程度上透彻了解全球和中国的历史，只有把自己和社会置于广大的历史画卷中，才能更加深入地洞悉当前的现实，了解自我与社会，更准确地预见未来。大学生针对现在的认识，需要他们把眼光转向现代所有事物，并以此来调整自己的行为，作为对社会作出贡献的参照。对未来的认识源自行动过程中，经过思考后对物体运动趋势和未来的理解。它的特性包括反映指向的超前性、形成过程的跳跃性及反映结果的或然性，是反映与创新、现实与超越彼此达成的一种统一。未来意识实质上是一种责任感，是对社会责任感的强烈的心灵感受。

从大学生的角度来看，学术精神通常与专业认同紧密相关。科研领域的大学生肩负着知识寻求者和研究者的任务，因此他们的学术成就、实践能力及研究表现应得到全社会的肯定。大学生展现的专业精神，深植于大学教育的内在规律之中。一位优秀的大学生，应主攻专业的学习，表现出严肃的工作精神和持续的努力态度，积极吸取所擅长领域的新的信息和知识，积极拓展新的领域、研究新的方法、掌握新的技术、形成新的理念，提升专业学习和研究的层次，随时准备将这些应用到实际中，利用自己的天赋推动社会和科学的发展。

大学生的主体意识内容非常丰富，它是一个不断变化且有层次性和多元性的整体体系，其内部含义并非固定不变，只有通过不断地调节和提高，增强其内在的丰富度，才能达到最佳的结构状态。

2.学生主体意识增强对高等教育的影响和新的要求

科技的不断进步进一步推动了生产力的提高和解放，社会也因此变得越加先进，学生的主体意识也有了极大的增强。因此，学生对高等教育的要求也日益提升，总结起来主要有以下3个方面。

（1）针对人才培养模式与专业设置的要求

学生的主体意识得到提高，他们对世界和社会有了更深的认识，对各种事物都有自己独特的见解，尤其是在付学费、未来就业的问题上，驱使他们对所学专业知识的吸取有了更广的选择范围和更强的自决意愿，不再满足于一致的人才培养模式，而是对人才培养模式有多样性有迫切要求。这就促使高校必须结合地域经济的发展需求对人才培养模式、专业设置等进行调整和改革，为学生的自我发展提供更广的选择空间。

（2）学生的主体意识增强，导致他们对大学教育和课程标准的要求也提高了

这就需要高校对教学内容和课程设计进行适配和创新，以满足学生的要求。学校需要根据教育目标和人才培养标准，更新课程内容，调整课程布局，消除不同学科间的隔阂，加强课程在逻辑和结构上的关联和整合；精选出经典的教学内容，不断添加反映科技和社会最新发展的内容，同时考虑最大限度地将体现现代学科发展特性的，将包含多个学科交叉和融合的知识融入教学内容；注重培养学生的科学思考方式，为他们探索新事物、培养创新才能提供坚实的基础。

（3）需要改善教学方法和手段

传统的教学方法以教师为中心，过度倾向于听讲的教学方式，导致了过度强调记忆和死记硬背的教学方法，极大地阻止了学生的主动参与和创新思维的可能性。在教学实践中，教师往往以自视甚高的姿态看待学生，忽视了他们参与控制学习过程的潜力，导致学习质量和效益不理想，更是挫伤了学生主体在积极性和创新性上的发展，阻碍了学生形成积极主动的人生态度。学生的主体意识不断增强，他们在教学过程中所扮演的主体角色也日益凸显，因此教师需要改革传统的教学方法和技巧，充分尊重学生在学习中的主体地位，最大限度地激发他们的学习积极性、自主性和创新力。教师需要缩短整体的教学时间，给予学生更多的

自我学习空间；学生的个性和需要应该被优先考虑，要因材施教；围绕激发学生兴趣、引发讨论、进行研究等充满活力的教学方法，积极开展探索，并以现代信息科技来更新传统的教育理念、教育手法及教学方法；同时，也要重视实践教学环节的整体性，使之与教学、科学研究及实际应用相结合。创新教学手法和技巧应该有利于加强对学生自主学习、独立分析以及解决问题技能的培养，有利于加强学生的创新思维和实践创新技能的锻炼，进而有利于学生个性和才能的全面发展。

（四）高等学校体制改革

在 20 世纪末，中国的高等教育经历了其中一个发展和改革的黄金期。特色在于全盘促进了高等教育的改革，引发了高等教育规模的大幅增长，实施了科学且合理性的结构调整，教育质量与教学效益逐步提升，进而推动了规模、结构、质量、效益的协调发展。在所有的改革措施中，高等教育的体制改革发挥了决定性的作用，为实践多元化的人才培养模式提供了运作制度的保障和环境支持。

（五）高等教育观念和教育指导思想的转变

从 20 世纪 90 年代开始，随社会主义现代化步伐提速与市场经济体系逐渐健全，中国高等教育观念发生了极大转变。在教育发展理念上，注重规模、结构、质量与收益的协调发展；在教育质量理念上，坚持将知识、技能与素质交融，带动素质教育和创新教育向前迈进；在人才培养理念上，强调树立学生在学习中的主体性，提倡个性发展，激发创新动力。现阶段，四年本科学制已逐步演变为一种学科知识平台化的教育方式。地域性的工科学院则更偏重服务地区经济发展，以坚定的决心服务区域经济社会建设，深度启动与社会、国际的教育思想、学校管理和人才培养模式等多领域的沟通与互动，构建了独树一帜的办学风格和人才培养特色。

（六）高等学校办学体制的改革

教育发展的基本规律之一是教育的发展要与社会经济的发展相适应。高等教育的发展需要适应经济体制和增长模式的两个主要变化，并需要调整教育体制以符合社会主义初级阶段的所有制结构。公有制经济有各种不同的形式，教育也可以呈现出多元化的办学主体。随着教育体制改革的持续深化，社会力量办学发展迅速，以政府办学为主体、公办和私立学校共同发展的格局正在逐步形成，私立教育成了教育领域的一个重要组成部分。多样化的办学主体必然会形成多种人才培养途径。由于投资者间的差异，他们对于人才培养的目标、规范和标准皆有不同；再加上各地院校的能力差异和社会经济发展水平的不均衡，各地院校对于期望和要求有所不同，所培养的人才有着各式各样的特点。

二、外因

（一）大众化入学的发展趋势

目前，世界各国都已认识到在知识经济时代，人力资源是国家最重要的资产，人力资本是生产要素中最核心的部分。因此，我们需要把我国的人口问题转化为人才资源问题，这使得高等教育在现代化建设方面的先导性、全局性和基础性的作用越发重要。世界发达国家已经普及了高等教育，甚至已达到大众化的程度。发展中的国家也在推动高等教育向大众化发展，我国高等教育的普及化和大众化趋势体现在以下 4 个方面。

1.国家发展高等教育，将人力资源转化为人力资本

普及高等教育不仅满足了社会对高等学历的迫切需求，也对提升民族素质和经济增长作出了贡献，并为社会建设输送了大量有才华的人才及智力资源。随着中国高等教育普及化速度的提升，不断地满足了社会和个人多元化的需求，无疑将使高等教育和人才培养模式展现更多元化的特色。同时，我们也必须看到，根据劳动人口的教育结构，"普及阶段"培养的大学生仍将成为未来社会生产活动的主要组织者和技术专家，高等教育的社会地位是不可被取代的。因此，在"普及阶段"，地方性的理工科学校的本科教育质量观应转变为一种社会需求驱动的新的质量观，这与过去的精英教育质量观有所不同。

2.终身教育是大众化教育发展的新境界

对于现代的教学理念，人的发展在当今社会下变得更加重要，并且应该是全方位的。随着社会的不断发展以及知识更新速度的不断提升，大学教育和学生开始将素质教育视为首要之事。这类教育不单单关注思考能力的培养，跨领域知识的积累也被看作关键因素。人们可以通过各种各样的渠道获取双学历，而且这种情况十分普遍。随着知识经济的不断推进，各个行业的发展速度也在不断加快，社会的就业竞争越来越激烈，为了适应社会变化和获得求职竞争力，个人的终身学习已经成为人们的必然选择，相对地，终身教育也被看作是社会发展的必然趋势。因此，将大学教育与基础教育、职业教育、成人教育打通，创建终身学习的平台，使得大学教育不再封闭保守，而是变得开放立体，以满足社会所有成员的学习要求，也借此利用知识创新来推动社会的可持续发展。

3.社会所需的层次性和选择的自主性，使得终生教育表现出多样化的特征

在发达国家，由于得到政府的大力支持和法律法规的激励，形成了全体公民积极参与教育的情况。此外，社会各界坚持市场原则，满足地方社会经济发展需求，拓展了学校的层次和疆域。这不仅丰富了社会教育资源，也扩大了高等教育

的涵盖范围，让不同阶层的社会工作者都有接受教育的机会，使教育大众化成为现实。在美国，高等教育的层次结构非常和谐，既有能够培养诺贝尔奖得主的综合性大学，也有主要服务于社区需求的社区大学或学院。其中，特别值得提到的是社区学院对素质教育的高度重视，致力于培养技术应用型人才，并依据当地社会发展需要及时调整专业设置。因此，我们应该学习并借鉴发达国家在教育大众化上的成功经验。

4. 国际化与开放性推动高等教育的全球化

在高等教育领域，国际的协作、互动及吸收借用各国在科技和文化界的优势，已逐渐显得至关重要，甚至已经成为一个不可逆转的进步趋势。作为知识创新和传递的重要平台，高等教育必须保持开放状态，以实现自身的发展和提升。随着现代信息技术的发展，高等教育的国际化进程已在稳步加强。发展中国家为了推动自身的经济与教育质量，通过多种手段鼓励学生到发达国家进行学习，同时也欢迎这些国家的高校在本国设立分支机构。这样做不仅能够增加发达国家高校的知名度和经济效益，也能对发展中国家的高等教育大众化产生积极影响。

（二）经济全球化与区域化挑战

全球经济融合已经无法阻挡，这是一股历史潮流，其关键特征是生产全球化的速度提升，以及由贸易开放推动的世界资金的自由流通。同时，我们所处的世界已进入信息时代，科技的革新和进步的节奏难以预测。这个由先进国家推动的趋势，既为发展中国家带来了挑战，同样也为他们开辟了新的可能。发达国家在全球经济运行及其扩张中主导制定和执行共同规则已变得必不可少。目前，WTO 的规则就是全球经济的法则。即使 WTO 的条款中存在一些对发展中国家有利的优惠政策，但大体而言，这些条款更加利于发达国家的经济扩张。倘若发展中国家未参与全球经济整合，可能会陷入"边缘化"的困境。2001 年底，中国正式加入了 WTO，这象征着中国已积极步入了全球经济一体化的历史进程中。在中国加入世贸组织后，其高等教育也面临着新的机遇和挑战。这些机遇可能有助于进一步提升高等教育的地位和作用，激发公众对高等教育多元化和多角度的需求；推进高等教育国际化和教育资源的全面利用；深入推动教育体制的改革；根据经济结构战略性的调整，促进人才需求、教育和专业领域结构的调整；有利于教育管理职能的转型。但是，身为 WTO 的一员，我们同样在经历全面的竞争及史无前例的严重挑战。

1. 对国民观念的挑战

经济全球化促使全球资源跨界流通，拉近了各类理念和文化的距离。要适应这样的变革，所有国家、民族和个人都应建立相应的观念，如法制观念、创新观念和开放观念等。其中，竞争意识是最关键的部分。中国加入世贸组织后，更进一步扩大了开放，在更广阔的范围、更高端的领域、更高层次上的国际经济技术竞争与合作，增加贸易机会，提供更多职业选择，为个人参与竞争和促进个人发展提供更多的机遇。一个人的教育程度越高，知识结构越科学，创新能力越强，其在国际经济竞争和国家社会经济进步中的应对能力也越突出，个人发展和成功的可能性也就越大。未来的成就取决于现在的学习，人必须不断地积累知识，才能在全球人才竞争和人才流动中立足。教育的投入是为了将来的收获，为了获得满意的高等教育，学生和家长有权选择学校、专业甚至教师。教育观念的改变肯定会对高等教育产生重大影响，要求学校和教师按照国家教育标准和学校作出的承诺提供优质的教育服务，尊重和发展学生的个性，以学生为本，促进学生素质的全面提升。

2. 对社会经济发展的挑战

以全球市场经济的视角分析，西方发达国家凭借其领先的技术和文化标准，设立了许多世贸组织之外的规则，如各种技术、卫生、安全标准等。这使得发展中国家不得不接受这些无法抵御的规定，同时也使得他们的企业在有更高风险的环境下运营。正是由于实力差距过于悬殊，我国加入世贸组织后，国家经济、行业经济及企业经济所要面对的挑战是不可避免的。尽管如此，中国的土地宽广，资源丰富，只要经济能有所提升，其市场发展潜力便无法估量。因此，我们应该利用市场去吸引资金、技术及管理，发挥我们的比较优势和后发优势，我国绝对具备在全球化进程中取得更快速且高质量的发展，为实现国家和民族的再度腾飞打下基础。

3. 对高等教育的挑战

随着全球经济的一体化和中国成为世贸组织的一员，中国的文化理念和社会经济发展面临着严峻的冲击和挑战。这些挑战实质上是对人才的挑战，进而演化为对中国教育体系，特别是高等教育的挑战。这些挑战具体体现在：高等教育需要面临适应国际经济和科技竞争带来的新契机；需要应对来自国内外日益激烈的教育竞争；需要应对就业结构性矛盾和专业人才流失问题，对加速推进高等教育发展和人才培养提出新的挑战；需要应对西方思想理念和多元文化带来的巨大挑战，以及应对中国东西部高等教育发展不平衡的问题。特别是中国成为世贸组织的一员后，更多的外国教育机构将会以各种形式亮相中国的教育市场，通过借助雄厚的海外教育资源，一方面推进我国教育的多样化发展，另一方面在学生录取、教师招聘等方面给中国的教育机构带来新的竞争压力。因此，各高校需要深度研究加入世贸组织后对人才需求的标准和规格，改革人才培育模式，从而在激烈的市场竞争中寻找自我定位，挖掘优势、规避缺陷、形成特色，努力提高教学质量和办学收益，以提高学校的市场竞争力和核心竞争优势。

第四节　高校人才培养模式改革与教学资源整合

一、教学资源整合与大学人才培养模式改革的相互关联性

教学资源在高校中常被划分为五大类，包括人力、课程、楼宇设施与环境、实践活动和规章制度。按具体应用方式可以进一步划分为直接应用于教学的资源和需要整合应用的潜在教学资源。大学资源的整合是指在有限的人力、物力和财力资源中设计最佳方案并进行整合。就是以培养学生为核心目标，应用各种方法和手段，对教学的潜在资源进行开发，对当前的教学资源进行优化和重组，从而提高学生培养的质量。在培养模式中涵盖了学生需要学习的知识、技能、素质及达成这些目标的方法。从狭义的观点来看，培养模式是培养学生的过程和方式；而从广义的观点来看，培养模式是在一定的教学理念的指导下，利用一定的学术资源为基础，涉及培养的目标、教育制度、培养内容、培养的方式和教育过程等多个方面的整合运作，具有稳定、标准化和实用性的特点。

目前，我国大学本科教育改革坚持"打牢基础、拓宽口径、凸显个性、提高能力、提升素质、追求创新"这一原则，以提升教育质量为重心，强调培养具备高适应力的复合型人才。这种人才的特点是基本功扎实，知识面广，擅长应用知识，独立思考、分析和解决问题的能力出众，品德高尚，素质全面，且具有创新和科学精神。受这种教育观点的引导，大学人才培养模式的改革包含了教育教学观念、专业配置调整、课程与教学内容创新、学习实践环节、培养方式创新、教学资源整合，以及对教学运营和管理机制进行革新、教学组织形式等方面。

提高人才培养质量是高等教育改革的基本目标，而这个目标的实现大部分依赖于高校的办学质量、教学质量、人才教育方式、教学资源的最佳调配及教育改革的进一步深化。在这些因素中，改革人才培养模式是教育改革的关键，因为我国旧有的教育管理体制的限制，使得教学资源的有效配置偏低，且难以实现最佳整合，这也是制约人才培养模式改革深入进行的首要原因。

首先，我国大部分高校已经经历了学院结构调整和高等教育体制改革，事实上，已经发展成了多专业或者综合性的大学。这个变革主要来自"985工程"和"211工程"的推动，课程研究和学科建设取得了显著成绩。然而，这并没有带来本科教育质量的相应提高，或者说没有满足相应的教育质量标准。具体来说，教育方式、教学资源的分配都没有实质性的改变，目前的教学改革管理举措只是

对教育规模膨胀的一种应对策略，没有真正改变已有的人才培养模式。因此，很难达到预期的教学改革目标，如学生综合知识结构、专业综合能力、课程综合程度及提升学生实践和创新的能力等。大学教育资源的当前配置和存在状况已经成为限制人才培养模式改革的"瓶颈"。接下来就是，如何打破人才培养模式改革的困局，建立一个高效的人才培养模式呢？根据现有的教学改革情况及其限制因素，无疑优化和整合大学教育资源是推动人才培养模式改革和实践的"关键一步"。

其次，当前的大学教育质量问题及其提升办法已经成为政府和各个社会领域共同瞩目的焦点，这都基于对该问题的深入研究和思考。当前的教学质量问题跟"重视科研，轻视教学"的观念不无关系，同时也和人才培养模式改革滞后及教育资源配备的不合理紧密相连。比如，在人才培养过程中，选修和必修科目界限清晰，主修和辅修专业区别鲜明，各种学院间的资源缺乏交流，本科生和研究生接触的课程差距明显，长、短期课程有明显界限，学科建设、研究成果并未转变为本科的教学资源，这都是我国高校目前培养人才质量不够理想的关键原因。现如今，我国的人才培养模式还只是限制在专业教育的范围内，这既浪费了教育资源，也不利于不同类型学生的个性发展。

最后，对高校教学资源进行优化整合，是形成新的办学观念和教学管理制度的过程，并且也是对现有办学和教学管理制度进行重新选择的过程。教学资源的整合调整是提高教学水平、进行人才培养模式改革的根基，因为教育改革的各个方面都是以教学资源的最佳配置为中心的。在人才培养模式的改革过程中，重新分配教学资源是关键步骤，如果没有对教学资源进行整合和高效利用，人才培养模式就无法产生深远的变革。同时，教学资源的整合和有效利用是评价本科教育质量的重要标准，一个好的教育资源配置状态是确保教学质量提升的必要条件。大学教育资源配置的好坏通过判断其是否能够最大限度地满足教学过程和提高教育质量的需求。实际上，为了提高现有教学资源的利用效果，我国已经在大学内部进行了一系列的组织结构调整，包括在院校之间和学校内部进行的改革。但是如何进一步通过整合教学资源，推动人才培养模式的改革仍然是我国未来大学教学改革的一项重要任务。

二、在人才培养模式改革的视域中优化整合教学资源的策略

（一）开发利用现有资源

在整合高校教学资源的过程中，我们的首要任务是培养富有创新精神的人才，需要调整和优化教学资源的整体结构，同时打破本科生与研究生教育的界限。我们必须把教学与科研相结合，让科研支持并引领教学，以培养具有突出实

际操作能力的创新型人才，以及让实验设备等资源向所有人开放。我们必须跨越学科和专业的束缚，实现实验设备的共享；不断扩大和提高综合性和设计性实验的比重和内涵；打破管理体制的障碍，建立健全实验课程教学和实验室管理一体化的机制；推行实验室设备模块化配置，将实验设备的共享和整体使用推向极致；为综合和设计性实验的开展、品牌和特色专业的建设提供坚实的实验基础；持之以恒地遵循服务、前瞻、优化和高效的四大基本原则，改变子系统割裂导致的教学资源浪费；注重挖掘和利用资源，改造闲置的场所；对现有教学设备进行技术改造，扩大其应用领域和功能，充分挖掘设备设施的潜能；通过科学研究解决学校因扩招引发的校舍不足问题，以最少的投入换取最大的运营效果；通过合作办学，实现资源的高效利用；利用区域联合办学的资源，扩大选修课和双学位制的规模，包含更多的各类一级学科和二级学科，为学生提供更多的选择机会，有助于紧缺教学资源的高效利用；高校与大企业和科研机构"联姻"，充分利用社会资源，实现校内外资源的优势互补；充分利用人力资源优势；设立固定的课外教学实践中心，激励各专业的教师亲自创设教学器材来满足各种课程与项目需求，将最新的研究成果转变为教学资料，实现教学与研究相互促进。

（二）调整学科专业结构

学科专业结构对于将高校的人才培养与经济发展紧密结合至关重要，且成了高校组织结构的核心内容。我们关注课程专业布局的调整，也体现了高等教育体制改革向纵深发展的潮流。因此，必须遵循"打实基础、增强适应力、拓宽专业领域、模糊专业界限"的原则，重视学科专业结构与经济建设的产业结构和就业结构相适应，确保资源充足，减少教学资源的滥用，防范人才供需不均和人才的浪费。我们应引导学生拓宽知识视野，提升他们的社会适应力和多元视角解决问题的技能。高校应当打破不同学科之间的壁垒，进行学科专业的改革，汇聚相关专业，创设跨学科专业和边缘专业，优化课程设置，发挥多学科交错互通的效能；推进学科的建设及其发展，体现优势学科的知识互补和融合，以及强势学科对弱势学科建设的引领力，实现高校学科发展的生态平衡。在这个过程中，教师也有更多的机会推进知识的融合和学术的交流。

（三）推动以学分制为核心的教学管理体系的改革

以学分制改革为引领，全面深化教学改革。学分制带来学生自由选择专业、教师、学习年限和进度的权力，为学生的个性发展创造条件。弹性学制、学业导师制、主辅修制、学分计量等创新方法的应用，彻底颠覆了传统的教学模式，构建了跨专业、理论与实践相结合、课堂内外交替进行、校园内外同步发展、教学与科研相互作用、"走出去"和"请进来"同步及国内外合作的人才培养体系；

设置课程群，实现知识的完整与统一，建立理论与应用相辅相成、知识组成互相关联的体系；加大对实验教学的投入，形成学生从"知识传递—能力提升—能力应用—知识升华"的完整教育机制；引入多元的实验项目，实现"素质教育"和"创新教育"的有效结合，建立对学生实践能力和创新能力有益的教育体系；完成教学体系的科学化、教学内容的综合化、实践方式的多元化、硬件平台的通用化、应用软件的个性化、运行环境的模拟化、教育资源的共享化目标。

（四）创建教学资源利用的生态循环模式

高校的教学资源可比作一个生态系统，以生态和循环经济理念为依据，将包括人力、资金、物资、信息等在内的各类资源打造成资源生态系统，由原先的线性（开放）系统转变为循环（封闭）系统，并进行资源的循环利用。在具体运用过程中，需要将各种资源纳入地方和全球性的循环过程中，使得整套教学资源构建为一个封闭的生态系统，其中任何一个独立元素的状态都能对整体环境造成影响，而整体环境也能对每一个元素的状态做出精准及实时的反馈。整合教学资源的目的在于提高资源配置的效率，增强利用效果，以最低的成本培养出符合社会需求的最大量的"产出"。在教学改革过程中，主要困扰在于如何准确定义改革目标，如何确立多元化的人才培养模式，以提升教学质量和满足学生个性化发展的需求为重心，遵从人才培养和高等教育规律，防止盲目和形式化的教学改革。

第四章　高校人才培养模式协同创新研究

第一节　高校人才培养模式与协同创新的实践关联

一、科技与经济协同创新需要高校人才培养模式创新

当前社会背景下，我们处在科学技术飞速发展的时期，处在一个经济蓬勃发展的世界。科技的飞跃发展需要多学科的融合，需要各行各业专家的通力合作，高等教育在培育人才过程中必须重视学生知识的广博性和深入性。同时，全球经济的快速增长，对高质量人才的需求也不断提高，因此培养学生的综合素质是高校义不容辞的责任。总而言之，协同创新已然成为高校发展的未来方向，是我们肩负的历史使命。

首先，鉴于科学技术的不断发展和各学科融合的趋势，高校对人才培养模式的改革变得至关重要。随着科技全球化的快速发展，资本、知识、人才的全球增长成为创新发展的必然趋势，数字技术和网络技术的发展更加助力这一趋势。同时，各学科、不同领域的资本、知识、技能、信息和技术的交叉巧妙结合已成为全球科技进步的新焦点。新的科学研究和重大突破在各学科交汇之处，以及学科之间的空白区域层出不穷，推动了复杂的多元主体融合的发展潮流，并促使各方面主体突破学科、领域的界限开展深度协同创新合作。高校作为高等教育的重要培养基地，是国家教育工作的关键组成部分。为支持高等教育的长远发展，国家从不同层面做好基础性服务工作，相应地，为国家全球化趋势服务和促进社会经济繁荣，也应是高校应承担的职责。随着我国高等教育大众化时代的降临，除了为学生提供平等接受教育的机会，更应重视目前大学的教学质量。因此，打造高水准、世界一流大学就是提高大学教育质量的一个行动途径，要建立一流大学就要对先进科学技术有敏锐的洞察力和引领发展的能力，所以大学人才培养模式的协同创新是科技创新的必然要求，也是缩小与世界发达国家高等教育差距的优选方案。

其次，全球经济发展的情况亟待调整高校的人才培养模式。一方面，新的全球经济格局越来越看重知识，同时国家经济的繁荣也越来越依赖于高等教育中能够掌握先进技术、知识和理解能力的人才及其在研究领域的贡献。另一方面，全球的就业市场正不断地变化，每个人必须不断地提升新的技能并终身学习。此外，新的科技革新正在改革信息的存储与传播方式，这意味着高等教育需要更重视提升学生的技能，并且考虑高等教育能为其提供的方式。再者，如今的世界相比以往变得更加复杂，变化也更迅速，因此高等教育应当协助个人和社会在坚定维护文明社会价值的同时，理解并适应这些变化。此外，来自发达国家和发展中国家的竞争日益激烈，国家所能提供的教育和培训的质量、效果和适用性成为取得经济领先的关键因素。因此，在这样的全球环境下，高等教育亟须调整自身以适应社会发展的趋势。

最后，随着社会主义市场经济的发展，大学的人才培养模式需要进行改革。在全球竞争激烈，科技创新快速的环境中，对大批创新型人才的需求日益迫切，以推动经济和社会的发展。被认为是世界各国发展的核心驱动力的高等教育，已在全球范围内建立了各种成功的发展模式。中国的大学在吸取西方先进的高等教育理念的同时，应该根据中国的特殊情况，遵循其自身发展的规律，顺应历史的发展趋势，寻找适合中国的高等教育模式。站在宏观视角，随着中国更深入地与外界接触，迫切需要大幅提高全民素质，培养大批高层次的创新型科技人才。在教育领域，高校能否在激烈竞争中立足，很大程度上依赖其自身的教育水平和教育质量。实际上，自《高等教育面向 21 世纪教学内容和课程体系改革计划》实施以来，一直在进行关于大学人才培养模式的研究，然而国内的高等教育人才培养模式还有提升的空间。学校和学校、学院和学院、学科和学科、专业和专业间过分的自我保护意识，阻碍了他们之间的交流和发展。当前，我国的学科分类体系是人为构建的，这种分类方式也大多影响着学术机构的运行模式和实施方案。虽然这种分类方式在一定程度上方便了学术活动的开展，但却缺乏足够的科学性，违反了学科发展的常规，对学术机构的运作方式也产生了一定的影响。随着时间的推移，学科的性质也在发生日新月异的变化，学科间的交集和交错的情况日益加深。因此，学术组织的陈旧和故步自封必定会阻碍学科的交融和重组，并对高校、学科集群、人才培养和学术发展等方面带来负面影响。另外，我国的高校在学科建设、人才培养、科学研究等方面存在各种脱节现象。学科建设与人才培养目标的矛盾、对科研的过度重视而忽视人才培养，以及学科建设和科研成果无法有效转化为人才培养的资源等问题依然存在。因此，我国的人才培养模式需要在协同创新的新形势下进行彻底改革，以更有效地满足当今社会对大学的需求。

二、高校人才培养模式改革需要协同创新

（一）协同创新理念对大学人才培养模式改革的重要性

首先，协同创新理念是大学人才培养模式改革上的必然选择。人才培养、科学研究和提供社会服务一直都是现代大学的核心职责，其中以人才培养为最主要和根本的任务。然而，我国的高等教育在对"应该培养何种人"及"如何培养人"这个问题进行深思，这是有关人才培养模式选择的问题。随着我国经济的持续增长和社会主义市场经济对高水平技术人才的需求，拥有创新思维和实践技能的优秀人才已经成为高校人才培养的重点方向。为了实现这个目标，必须加强大学与企业、科研机构及其他社会各方面的紧密联系和协作，仅靠高校自身的努力是不够的。同时，高校人才培养是一个系统性的工程，需要对课程设置、培养目标、规定准则、培养方案、培养路径、培养机制及评价系统等进行调整。另外，知识、技能和素质是组成优秀人才的基本条件，大学生在实践活动中学习知识、技能，培养综合素质和创新能力，而企业和科研机构等多元主体提供恰恰可以提供的高质实践平台。如果对企业和科研机构等的需求缺乏了解，就不能获得他们的支持，也就无法推进高校人才培养模式的改革，偏离了其发展和生存的基础。因此，引进协同创新的观念来改革大学人才培养模式，显然是对其改革的新的探索。

其次，协同创新理念与高校的"人本"理念在目标定位方面并无不合。高校培养人才的宗旨应是推动人的全面发展，从学生的本质发展出发。而传统的高校人才培养模式，往往在实践的时间、场所与内容上有严格规定，忽视了学生的选课权，对于学生的新想法、创新点及兴趣视若无睹，没有为学生提供展示才能的舞台。因此，这种规定内容、时间的教学形式并不能满足对学生实践能力和创新能力的培养需求，更无法实现"以学生为中心"的教育理念。学生为高校之本，我们应该激发他们的学习热情和创造力，因此新的人才培养模式需要以学生为主，服务学生，由过去那种"以管理为主"的模式，慢慢转变为"以生为本"，也就是将学生视为主体，以教师为引领，以"教学"为核心，这样才有利于促进和保护学生的积极性、主动性及创造力。协同创新观点旨在引导政府、高校、研究机构、行业企业等多方参与到培养高校人才的过程中，目的是培养出符合社会需求的具有创新能力和实践能力的毕业生。这就不难看出，提升学生创新能力和实践能力既是学生个人发展的需要，也是"人本"理念的体现。因此，协同创新与高校人才培养目标是一致的，两者结合，能为高等教育的改革探索一条新的道路。

（二）高校多元主体对改革人才培养式的利益诉求

首先，改革高校人才培养模式必须要尊重教育的发展规律，这是为了应对社会对人才的多样化需求。斯德哥尔摩大学自 19 世纪末建立以来，已经累积了超过 120 年的人文底蕴，大学的发展历程从传统的教育模式走向了现代化的学习模式，从单纯地研究向与社会发展步伐相协调的新型教学方式过渡。这所大学建立之初，主张的是自主、自由和以学术研究为核心的教育观，为了保持其学术自主性，并没有向瑞典政府申请财政拨款，但由于本身的资金筹集有限，这一行为也为学校发展带来了财政危机。同样，随着时代的进步，原有的教育架构逐渐无法适应社会的变化，此时斯德哥尔摩大学意识到过于依赖学术研究，而不要政府投资在现实中根本行不通，于是开始面向全社会。在一个世纪的发展过程中，这所曾是"象牙塔"的大学已经转变为一所紧随社会进步的公立大学，得到了社会各方的经济支持，所开设的课程和专业也更加符合实际劳动市场的需求。这所大学的变革路径告诉我们：现代的大学不能再像过去那样孤立于社会生活之外，必须研究社会的需求，面向公众并在此过程中贡献出自己的价值。高校不仅承担着培养人才的核心职责，也就是为社会提供具备优秀知识能力并精通实际技术的高级技术人才，同时还要充当科研的重要角色，作为学术研究的核心力量，在社会中处于领先地位并推动社会进步，因此也需要履行社会服务的职能，扮演社会服务者的角色，调和社会各方关系，以此来更有效地促进社会发展。

其次，无论是政府、科研机构还是企业都需要高校能够改革传统的人才培养模式，最终培养出更满足社会需求的专业人才。每年，各大公司均依据其自身需求来吸引人才，以提升公司的实力。世界合作教育协会早前派出加拿大卡里布大学的教师詹妮弗·杨负责一项以雇主为主题的全球比较研究。该研究在欧美、非洲、澳大利亚等六个国家中挑选了 30 余家校企合作的公司，进行协同创新效能的问卷调查分析。当问及其培养和雇佣有协同创新能力的学生需要投入多少成本时，90% 的企业认为，相对于传统的人才培养模式，指导和培养这类学生需要更多的时间。然而，这类学生给公司带来的价值却不如正式员工，且还需支付与正式员工同等的薪资。在英国的《狄亚林报告》中，虽然雇主对大学生通过荣誉学位教育所获得的智力成绩表示欣赏，但他们更倾向于看重毕业生在广泛知识范围内的专业知识优势。高等教育体系还需不断提升和深化学生的各类技能的培养，包括"主要技能"，如交流、计算、应用及信息技术，还有自主学习的能力。所以，如何训练出满足企业需求的大学毕业生是高等教育体系的紧迫改革课题，而这同样是企业最希望解决的问题。高校期待企业提供实践机会和技术指导，而公司因新技术难寻或资金问题而使购买新技术的计划停滞，阻碍了自身的发展，迫切需求新技术，这种互惠的需求使他们找到了协作的"接口"。

最后，通过转变人才培养模式，引进多元化的主体，大学可以达到资源共享和共赢的目标。在当前的商业环境中，不仅产品制造需要适应市场，科技领域的研究成果也需要满足市场的要求。只有这种方式，大学和研究机构的成果才能被转化为下一项目的启动基金，从而对国家科技进步产生实质性影响；否则，无法产生具体效果的研究只会成为"纸上谈兵"，让科研陷入僵局。市场是企业发展的风向标，它使我们看到行业需求和市场趋势。研究机构的发展需要大学持续提供新的动力，这样才能保持生机。高校同样需要从研究机构那里获得实践经验，并需要科研人员参与到人才培养体系中，为人才培养目标提供有价值的建议，为学生提供科研课程和讲座，将他们的研究成果纳入课程教学，以此激励学生的科研热情。这种利益诉求将加快高校和研究机构的协作进程。

三、高校人才培养模式协同创新的时代特征

首先，大科学时代已经逐渐成为高等院校人才培养模式协同创新的主导力量。全球科技的发展可以被划分为前科学时代及大科学时代。前科学时代是以个人独立进行研究的时间顺序来进行区分的，而大科学时代则是以集体并行的研究方法为区分依据。这也使我们意识到，单一的研究方式已经无法应对大科学时代需要多学科整合的挑战，身为自主实体的院校、科研机构和企业难以获取大科学时代发展所必需的所有资源，同样也难以仅靠自己完成创新。因此，若想在大科学时代实现共赢进步，高等院校、科研机构和企业必须打破自我束缚，实施开放型的协同创新。

其次，为了满足创新驱动的国家发展需求，对大学的人才培养模式进行改革也是不可避免的。在知识经济时代，创新能力对于推动经济增长、社会发展和提升国家及民族的综合实力和国际竞争力产生了极大且持久的影响。当前，全球正处于一个充满活力的经济发展阶段，各国的生产模式正在受经济和科技驱动而发生深远的变化，生产方式的进步水平已变成了衡量国家实力的重要指标，成为强化国家创新能力的要素。在我国的"十二五"规划中，构建一个由创新驱动的国家被确定为提升全面实力的主要目标，这也推动了高等教育创新能力的快速提高。作为主要的人才培养地，高等院校的发展将会直接影响国家在政治、经济、文化、生态等各个领域的进步，所培养出的人才是否能适应时代的需求，是否能成为推动国家创新发展的重要力量，是检验高等院校能力的关键。因此，为了实现这一目标，高校必须将重点放在确定人才培养的目标和改革人才培养模式上，以此应对创新驱动发展时代给人才培养模式改革带来的挑战。

再次，改革大学的人才培养方式是人力资源发展的固有要求。在这个信息化社会，人才的素质和全面发展更为关键，国家间的竞争更多的是在"人才"上。

民族或国家的发展取决于有效利用的人力资源。无论是知识经济还是智力资本，都需要由掌握知识的人来创造。最大化地优化人力资源是推动所有行业、所有国家不断发展的力量。特别应该关注全面发展人的能力，包括创新和实践。在快速发展的社会经济面前，如果没有全面的素质和创新能力，就会被淘汰，失去竞争的机会。高校拥有众多高学历人才，它们的专业种类丰富多样，人才的志向远大，社会亦需要高校充分发挥汇集众多人才的优点，尽可能地发挥他们的作用。如果高校能在人才培养模式上利用自身的多元性，并结合国家和时代的需求，把协同创新的理念融入人才培养的过程中，那么培养出来的人才在今后的就业中将能真正发挥他们的优势。

最后，国家已在各种场合反复强调协同创新的重要性，给高校人才培养模式的协同创新提供了政策扶持。在推动高校创新能力提升的计划中，强烈要求社会各领域共同推进协同创新，促使高等教育与政府、产业企业和科研机构在科技、经济和文化中有机融合，从而大幅度强化高校的创新能力。这实际上把人才培养模式的协同创新推向了国家领域，在国家的鼓励下，各类社会组织和所有社会人士都有责任为人才培养模式的协同创新营造良好的环境。而且人才培养模式的协同创新不再是高校的单方责任，而需要社会各方面的共同努力与支持。综上所述，这为人才培养模式的改革创造了优秀的政策环境，也为人才培养模式的改革带来了机会，有助于结束我国传统的人才培养模式的孤立发展状况，加强大学、科研机构、行业企业及其他社会组织的紧密协作，提供协调的政策和社会环境。

第二节　高校人才培养模式的实践主体及其协同现状分析

一、我国高校作为单一人才培养主体的局限

首先，"工具人"的教学观念在我国的考试型教育中已经存在了很长一段时间。这种片面的教学倾向形成了中国教育长期主要以"课堂、教材、教师"为中心的传统教学方式。在这样的教学观念影响下，教学过程中致力于系统的知识传输，忽视了实践技能的训练，侧重于静态的知识传递，忽略了对知识创新性的培养，使得理论知识与实践技能产生了脱节；在教与学的关系上，学生常常被动地接受、吸收知识，缺乏对学生主体性的引导；在个性和共性的关系中，过分侧重于集体成长，而对学生个性发展缺乏关注。这些都不利于引领学生寻求知识、发掘新知、形成自我创新意识，也不利于培养学生的创新精神和实践能力，对于学生的自主创新、积极性和主观能动性的提升造成了影响，因此，我们的高等教育难以培养出具备技能型、创新型和实践型的优秀人才。知名物理学家杨振宁通过

比较中国和美国的教育方式，认为我们的教育在推导、规范执行和严谨性方面做得很好，但美国教育的归纳、分析、渗透和综合等优势却是我们所欠缺的。

其次，现行的高校教育方式十分缺乏给予学生创新实践的机会。来自厦门大学的潘愚元教授倡导，高校应贯彻教育与实践及科学研究相结合，并以教学为中心，将实践活动视为教学过程的重要组成部分，通过知行结合来全面提升学生的能力。仅仅依靠专门的理论知识和大量的创造手法，无法真正培养出创新能力，只有把这些理念和技能真正地运用到实践中，才能形成创新能力。要提倡学生大胆挑战，创立问题的情境，在实践过程中探索并解决问题。但是，当前的高校教学模式过度强调理论知识的传授，且占用了大量的教学时间，导致教学环节给予学生的创新实践的机会微不足道。虽然一些高校为学生提供了实验和实习的项目，但真正的创新实践步骤并未得到学生和教师的高度重视，仅仅是应付，无法真正提升学生的实践技能和创新意识。

再次，学生缺乏有效的自学能力。我国的传统教育过于强调对知识完整性和系统性的掌握，而传统课堂教学主要的目的就是帮助学生能够深入、全面及准确地理解并掌握各种科学文化知识，学生只需按照已有的模式进行重复的操作，不需要进行深入的思考和复杂的计划安排，这就导致学生在解决现实问题及自我学习能力上的不足。在如今社会信息资源产量巨大且快速更新的背景下，仅仅依靠教师在课堂上的讲授已经无法满足需求，学生需要通过网络平台和工具书来快速准确地获取信息资源，他们接触到的网络资源包括开放的网络平台和学校图书馆提供的专业技术平台，但学生在利用这些网络资源时，更多的是浏览网页，对于图书馆的利用更是停留在借阅书籍阶段，很少利用图书馆提供的免费电子资源，更不要说利用开放的国际学术资源平台了，这无疑难以适应社会发展的需要，也无法实现他们自身价值。

最后，现行的大学教育模式还未打造出一个能够促进创新的轻松环境。要培养创新人才，需建立一个充满自由且宽松的探索问题的氛围，这样的氛围能激发他们勇于质疑，使学生能认识到，无论他们的问题多么奇特、多么不切实际，都具有价值，值得被阐述、探讨和分享。比如，在耶鲁大学的住宿学院制度中，这一点表现得尤为显著，为建立和谐的师生关系提供了宽松的学术氛围。所有学生均分布在 12 个住宿学院，每个学院都是一个小社区，涵盖了世界各地的学生，他们都有自己独特的兴趣和爱好。耶鲁大学没有将学生按兴趣爱好进行分类，而是积极推广全面和包容的原则，努力将 12 个学院打造成为 12 个多元化的社区。因为住宿学院促进了师生之间的交流和互动，是其主要优势之一。教师常在学生餐厅用餐，这让学生有机会随时和自己的导师及其他教师交谈，而不是在特定的办公室内约见。这样的环境有利于创新，因为创新需要一个开放、推崇多元化，允许标新立异甚至可以接受错误的环境。换言之，我国的大学以课时限制教师，只要他们完成了教学任务就可以，导致学生在遇到困难时无法立即获得教师的指导和建议，进一步发展他们的创新思维，因此他们与教师进行交流的机会很少。

二、多元主体在人才培养模式中协同创新的地位与作用

（一）政府在人才培养协同创新方面的地位及功能

为了确保持续发展，政府需要引导和支持大学成功融入社会。为了建立多元主体参与的人才培养模式协同创新机制，政府发挥统筹和引导的作用，使协同创新转变为主要和普遍的人才培养模式。促进大学人才培养模式协同创新健康发展，需要调动企业的积极性，强化合作的稳定性，仅仅依赖市场机制的调控是远远不够的，甚至无法实现。只有通过政府主导建立起教育体制、机制和制度，同时遵循市场规则，强调政府的主导地位，并遵循大学的发展的自身规律，才能实现大学人才培养模式协同创新的持续发展。然而，在协同创新的道路上，由于涉及多个职能部门，尤其是初期具有试验性质的协同创新教育需要在当前高等教育制度框架内有所突破，这需要人事、劳动部门和相关职能部门进行沟通，并需要由政府来主导。政府主导的高校人才培养模式的协同创新对于提升资源整合能力和人才培养质量具有巨大的意义和影响。协同创新不仅仅是一个简单的市场教育，它显然具有职业性、社会性和人民性。

第一，政府的首要任务是，要充当多元化主体共同协作的推动者。首先，政府需要通过各式各样的手段对积极参与协同创新的行业企业、研究机构提供财政支持，以形成合理的利益补偿机制。创新是一个长期的过程，这个过程中的不确定性增加了风险性。无论是高校、企业行业还是研究机构，资金短缺都会阻碍他们的合作过程和结果。因此，政府需要提供一定的财政支持，一方面要增加研究经费，确保项目的连续性；另一方面要将创新知识转化为企业的资本，增加资本产出。其次，政府必须建立起协同创新的法律保护体系，这样才能实现多元化主体的利益协调和合作，形成多元化主体协同创新的长效机制。由政府引导、法律保护的协同创新能有效地整合全国各种资源并实现优化配置，有助于加强高校、企业行业和研究机构之间的联系。最后，政府推行就业门槛制度，有助于建立全社会统一的职业标准、鉴定规范和社会化的管理机制。

第二，政府要转变为多元主体的利益调控者。高校人才培养模式的协同创新，是在所有利益方不同需求基础上，寻求共识和共享利益，形成了一种独特的组织架构。政府作为所有领域的公共管理部门，通过创立一个以政府为主导的人才培养模式协同创新的管理系统，调动各种资源，充分发挥政府的组织能力、资源管理能力和公共管理能力，全面策划各个地区的协同创新，以确保培养的方向

和目标，引导并协调合作的顺利进行。

第三，政府应负责管理多元主体在人才培养协同创新过程中的管理，使其工作方案得以规范化，并激励各个多元主体参与到协同创新中来，以此构建出一个能有效评估人才培养协同创新的评价体系。政府的监管工作不仅能确保多元主体顺利加入协同创新，如果出现问题，也能确保各方能够承担起合作责任，执行合作义务。

第四，政府应担任多元主体协同创新结果的考核者。政府需要构建一套考核和激励体系。制订科学且有效的考核标准，设置严谨的考核流程，多元主体各参与者及学生要接受全面的考核，同时以考核体系为基础建立激励机制，确保并激励多元主体的参与热情，推动人才培养模式健康持续发展。

（二）高校在人才培养模式协同创新中的地位和功能

使高校毕业生满足社会需求是大学为社会提供服务的主要任务。在高校人才培养模式协同创新中，高校处于主体地位，是创新模式的积极推动者和实践者。换句话说，高校在确定如何培养人才的方面具有很大的话语权，因为他们有几百年的发展历史和丰富的经验，知道如何在教育目标、课程和专业设置等方面满足学生的个性化发展需求。

因此，在促进人才发展和创新研究的过程中，高校扮演了至关重要且领导者的角色。但是，鉴于培育人才的规格、其在创新型国家战略体系中的地位，以及其实现职能的侧重点各异，对应的模式也应该各有差异。例如，以研究为主导的高校目标是将其科研成果应用于社会，采用以科研为主要目的的高校和科研机构的学术协同形式；应用型高校旨在培养技术型人才，教育和实践的两者并重，多与地方政府、机构及其他高校进行教育型合作；高职学院以深度职业知识为基础，开展以技术培训为主要目的的多种合作方式。最重要的是，高校应派出教师走进企业，提供学术咨询，借此渠道将实践中所获得的经验带回教室，实现学术与实践的合一，并为教学和创新活动带来新的问题和需求。另外，邀请企业到学校，教师根据企业需求安排实习和毕业设计。毕业设计目的在于解决现实难题，注重结果的可行性，同时通过独自完成毕业设计任务培养学生的自主能力，这样一并实现了实践教育的目标，也能产出实践性的研究成果。

（三）行业企业在人才培养协同创新中的地位和功能

行业企业主导着职业资格标准的制订，是市场信息的传递者，同时也是制订学校专业培养目标的指导者。在政府引导下，企业在高校人才培训中起到关键性的指导作用。其主要原因在于，行业企业充当着政府、高校和科研机构间的纽带，所以能够在协助政府执行各类政策规定和向政府反馈高校和科研机构的相关信息的同时，向高校提供指导并对其进行评估监督。行业企业能够运用自身的优势来协助政府优化高校人才的培养模式，实现协同创新。

首先，行业企业可以促进自身与大学之间展开互助合作。行业企业对本行业的技术进步，以及对所需人才的具体需求有着深入地了解，他们能利用劳动力市场信息公布平台以系统、精确、及时、权威的方式发布相关信息。此外，通过各行业企业间的联络及大型企业的支持，行业企业能参与到人才培养模式的协同创新中，确保整个行业健康发展的稳步推进。

其次，行业企业能够实现高效的资源运用。高校的人才培育并非全然只依赖课堂讲授与实验室研究。虽然各级政府为改善学生的实习和实训条件逐渐加大了投入，但后期设备的升级和改造仍存在一定困难，这对高校来说承担起来较为艰难。如果邀请业界的企业参与资源合作，就可以大量减少各类机械设备的开销，进而降低人才培养的负担。最重要的是，企业的参与能够为人才培养提供完全真实的技能实践和培训的环境与场所。

再次，通过协同创新，各行业企业可以获得相应利益。当企业参与人才培养协同创新时，其目的并不仅仅是人才培养，而更多的是期待在新产品开发、技术更新、员工培训和技术咨询等方面能得到高校的支持。对于高校来说，为了完成其人才培养、科研及服务社会等核心任务，需要与各行业企业积极合作。通过这种合作模式，企业可以在协同创新中赚取利润。

最后，履行行业企业的社会职责。社会职责一词系指企业在盈利的基础之上，同样需负责自身的员工、顾客、社区及环境的义务。行业企业的社会职责要求的是，企业需要突破把利润作为唯一追求的传统观念，着重在生产过程中重视对人的价值的尊重，并强调对社会作出积极贡献。

（四）科研机构在人才培养协同创新中的地位及功能

科研机构在全球技术进步浪潮中，对科技发展趋势有更深刻的感知和鉴别能力，是大学知识进步和储存的引领者。这些机构能依据其自身特点，为高校提供更尖端、更具科学性的指引，极大发掘学生的学术潜力，同时也能够为自身培养优秀的学术预备力量。

首先，科研机构要肩负起学术使命。这些机构拥有丰富的尖端科技资源、优秀的学者和强大的科研实力，这些都是他们的优势，而使其承续并沿袭下去才是他们的最重大责任。随着经济和社会的不断进步，高校的人才培养不再是高校独自的事务，为学生提供完善的理论教育也是科研机构的义务。科研机构的学者都是各个专业领域的"泰斗"，接触这些学者也可以激发学生的学术热情，并可为科研机构储备梯队人才。

其次，科研机构能够在参与大学人才的培养环节将自身的研究成果转变为企业的实际产品。科研机构的成果常常拥有极高的学术价值，但唯有将这些学术价值成功转变为实际的输出，其价值才能真正显现出来。在目前，我国科研机构的实际转化能力还较低，只有利用大学培养人才培养模式的协同创新这个契机，将科研机构和行业企业结合起来，其转化能力才可能得到真正提升。

三、多元主体协同参与大学人才培养现状评析

（一）多元主体协同参与大学人才培养所带来的效益

首先，由多元主体协同参与大学人才培养模式创建了一个实践环境，这是培养学生实践能力的最好场所。正如苏联杰出的教育家苏霍姆林斯基所言："在活动实践中，学生能感受到作为发现人、研究者和探索者的喜悦，感受到智慧的力量和创新的快感。"多元主体基于社会需要和人才发展的需求，建立了培养人才所需的实践场景，项目化、体系化地把课堂知识和思维方法与实践技巧融合，并传达给学生，引导学生积极地思考问题，以主体化的思维方式解决实践问题，提升学生的综合素质，挖掘学生的潜力，培养学生的个性。总的来说，通过理论和实践教学的融合，我们的目的不仅是提高学生的实践能力，还包含激发学生的创新潜能和创新意识。

其次，通过多元化主体共同投入大学教育，才能完成大学的"取之于社，用之于社"的任务。人才培养、科研探索和社会服务一直是现代大学的核心职能，但是传统上，高校充当了单一的人才培养角色，因此承受了所有的教育责任，投入费用成了政府的职责，培养人才成了大学的任务，但当毕业生无法满足社会需求时，人们会对高校提出质疑。当经济、社会的发展持续对高校提出要求时，教育的责任不再只属于高校，社会也应负起有利于高校发展的责任，只将责任归咎于高校是无效且不合理的。因此，高校须要"取之于社"，联合所有从高校受益的社会力量，包括商界、科研机构和学生本人，一起推动高校的发展和教育质量提升，使之更有能力提供高质量教育，培养出满足社会需求的毕业生，只有这样，才能真正实现为社会做贡献。

最后，多元化主体共同进入高校教育体系，可激活学生的创新理念和技能。创新的关键在于思维的转变，创新思维由发散思维和聚合思维结合而来。聚合思维是在现有知识和信息中寻找答案的思考模式，它与发散思维是相辅相成的。发散思维则是从认知中吸取思考点进行外延的思考方式，常体现在多角度思考中。很多专家都认为，发散思维是创新思维的源泉，也是判断创造性的重要因素。但是，创新思维不仅需要逻辑思考，还需要直观和抽象思维的协同，对于思维的灵感突现具有显著影响。因此，多元主体参与的大学人才培养模式同样可以帮助改善传统的教育模式无法提供的条件，让学生在多元化的环境中实地参与实践，在

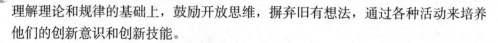

理解理论和规律的基础上，鼓励开放思维，摒弃旧有想法，通过各种活动来培养他们的创新意识和创新技能。

（二）多元主体参与高校人才培养的矛盾冲突

首先，它涉及目标冲突。高校被视为专门从事深度研究和优秀人才培养的平台，其核心目标是打破学术界的边界，投入社会实践和发展需求，并通过使用社会的科研和教育资源，以此提高人才培养和科研成果的质量和价值。另外，行业企业主要以市场为导向，其最终目标是实现经济利益。他们期望通过与大学和科研机构的合作，利用他们优秀的人才、多元化的学科和强大的研究基础，借此推动企业创新产品，改良滞后的行业结构，加速科技成果的转化效率，改善新技术，从而提升产品的质量和性能，最终获取庞大的经济收益，推动企业发展。政府的主要目标是通过多元参与人才培养，使得高校、科研机构和行业企业等多元主体在科技和人才资源方面达到有效对接，从而提高科技成果的含量，推进大学的科研水平和人才培养质量，提升行业企业的自主创新能力，推动国家经济发展。科研机构则更注重开发最新的科技成果，并把这些科研成果转化为满足行业企业和社会所需的实际产出。通过这些分析，我们可以发现，各个参与者的利益并不相同，这在多样化的创新合作过程中，会导致工作重心发生分歧。为了保护自身利益，各个参与者很可能发生利益冲突，不能实现统一协作，无法实现期望的目标。

其次，是对时间理念的冲突。无论是高校教师、学生，还是科研机构的研究员，在时间管理上都享有一定的自由度。教师的主要任务是授课，科研并非强制性的要求；学生需要集中精力听课，实践与创新非强制性的大学生活组成部分；研究人员的科研工作非几日或几月可完成，必须付出时间的沉积并依赖偶然的机会。而行业企业依赖产品为生，从效率出发，他们为了生存与发展必须不断技术创新，将创新快速转变为产品，不断打磨品牌，存在极高的压力感和紧迫感。

再次，承受风险和资金投入的冲突。人才培养模式协同创新本身就是一种创新。通常包含对未知领域的探索研究，合作方会面临一些风险，尤其是在需要大量资金的项目落地时。科研机构和高校本身并没能力募集资金或开展市场运营；尽管行业企业具备资金来源并能运用这些资金，但高额的资金需求使得他们害怕承受过大的压力，因此在面对许多先进技术成果时，他们宁愿退缩，或者只选择对企业有直接利益并能在短期内得到回报的项目。当涉及科技成果的商业化，企业更倾向于接受直接的结果，不愿在转化过程中投入太多成本，负担过多风险。总的来看，企业愿意承担部分科技转化过程中的风险，更希望政府能够通过相应的政策（如补偿）或机构介入，与他们一起分担风险，从而减轻他们的投资压力。当政府投资于某个研发项目时，他们更关注这个项目是否能填补我国科研领

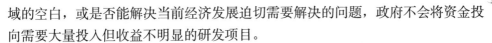

域的空白，或是否能解决当前经济发展迫切需要解决的问题，政府不会将资金投向需要大量投入但收益不明显的研发项目。

最后，多元主体培养人才的驱动力矛盾。各个培养人才的主体源于不同的领域，有着各自不同的价值观和目标，这导致将这些多元主体组织起来进行人才培养模式协同创新缺乏推动力。教学是高校的基本任务，而高校教师培养优秀的学生是他们的职责，但同时教师也是人，也有对生活和个人价值的追求，这就需要他们在教学和科学研究中找到平衡。这种情况可能会使教师主观地关注理论研究而忽视教学，将注意力仅仅放在论文发表和专著编写上，对提高教育质量的关心和重视度就会下降，因此高校教师在人才培养方面的积极性可能不足。另外，由于高校、科研机构和行业企业之间在联合教学方面没有法律保障，没有相关的条文和保护，可能会引发权力和利益分配不公的情况，这会使得高校、科研机构和行业企业不再积极寻求彼此的合作。对行业企业而言，把高校和科研机构的科技成果变为实际运用，并能持续发展是他们的长远目标。但由于国内企业的特点——管理层总期望在他们的任期内取得成绩，科研却无法在短期之内见到成果，如果企业一直投入却看不见成效，他们就不得不放弃投资新技术和开发新产品，或者干脆对教研工作置之不理，这就会导致缺乏内在驱动力推动各方共同发展。政府面临的情况也是一样，它介入高校、科研机构和行业企业的合作本是为了提升我国的科技创新力、大学创新能力及企业自主创新能力，各个主体如果缺乏动力，势必会影响政府在培养人才及联合创新方面的努力。

第三节　高校人才培养模式协同创新的模式选择与机制构建

一、高校才能培养模式协同创新的原则和依据

大学人才培养模式协同创新是一个系统工程，它是由政府、高校、科研机构及企业等多方主体组成的一个有机整体，因此在实施过程中必然会遇到各种问题。为了确保高校人才培养的协同创新能够顺畅进行，必须坚持遵循一定的原则。

（一）教育性原则

高等教育体系中的人才培育模式协同创新与传统的教育模式的基本区别，主要体现在它与社会的紧密联系，以及在培养人才过程中，众多元素发挥着极其重要的作用。然而，这个现实的转变并未改变教育的原始性质，人才的培养依旧是

协作创新的主要任务，在这种模式下，它依旧处于主导位置。这主要体现在以下三方面。

首先，大学的根本职责便是人才的培养。这个人才培养过程是以学生的发展为重心的，如果大学希望其他主体也参与到人才的培养中，那么就必须接纳学生在人才培养模式协同创新过程中各种角色的存在。学生既是多元主体共同培养的主要对象，也是人才培养的对象，同时他们是自我教育的主体，所有的合作活动都是以学生为核心。在人才培养中，学生是核心，而在大学中，人才培养是核心。

其次，培养专业人才同样是时代赋予行业企业和科研机构的使命。伴随社会的进步，培养人才不再只是大学的职责，为了在人才培育模式协同创新中择优录取并有效利用人才提升团队素质，行业企业和科研机构也需参与大学的人才培养工作。因此，行业企业和科研机构也肩挑了培养专业人才的重任。

最后，大学人才培养充当着学校、行业企业和科研机构共同创新的连接环节。行业企业期待的是大学能够为其提供何种类型的人才，科研机构则关注的是有科研潜力的储备力量。因此，大学在人才培养方面必须调整其发展机制，以满足不同参与者的需求，只有这样才能激发行业企业和科研机构的积极性。正因为如此，大学人才培养成为众多角色参与共享创新的聚合点。

（二）协同性原则

这个庞大的工程，是政府、高校、行业企业及科研机构共同发起的，高校人才培养模式协同创新目的是提供多元化的学习氛围及教育资源，使理论教学和实践技能能够有机融合。这需要参与各方综合协同，以便在传统的高等教育理念与协同创新的观念间找到恰当的平衡。各参与方的利益差异可能影响合作形式和范畴，以及对合作效益的判断。因此，寻找调和各方利益，达成共识的方式是极度重要的。所有的参与者，都需要在目标、职责、权力和具体细节上达成共识。政府、高校、行业企业和科研机构都应共同创建协同机制，同时政府在这个过程中需要出台相关的支持政策。高校要立足于学术价值，重视对人才培养和科学研究的有益程度，同时也需要看重科研项目对社会的服务价值，并积极培养企业及科研所需的管理和科技专才。以市场为主导的行业企业，需要以协同后的经济效益为目标，提供充足的实基地、资金和人力资源，积极协调知识产权和项目收益的归属问题。科研机构同样强调学术导向，更加关注是否能够推动学术研究的合作，并且要着重提升科研成果的实用价值转化效率。即便无法让多方共享利益，也应在回报中让他们获取好处。如果行业企业和科研机构认为学生实习参与给他们带来了损失，那么高校应该通过技术改良、新产品开发等措施来进行补偿。这样才能真正坚持协同合作原则，从而使得合作更加长久并取得更出色的效果。

（三）互利性原则

在人才培养模式协同创新过程中，独占利益的合作模式无法保持持久性，只有实现多方共享、互惠互利的情况才能保证长久性。这就需要各主体不仅关注自身利益，而且在利益间寻求平衡，尽可能扩大对方的利益。哪怕是短期看不到效益，只需要有长远或潜在的效益，就会有各方积极地参与，同时还要确保不侵犯其他主体的权益，尽量减少他们的困境或损失。这样可以激发主体之间的积极合作，达成自愿、平等、互利、共担风险的合作机制。只有这样，高校和科研机构才能为企业科技发展持续注入新的活力和力量，企业也能将市场需求反馈给高校和科研机构，科研机构也能为高校和企业提供最新的科研成果。所以，在实现人才培养模式协同创新的过程中，要遵守风险共担、利益共享、互惠双赢的规则，保持各主体之间长期稳定、互利共生的合作关系。此外，双赢的局面也要求各方准确评估自身的优势和劣势，否则容易出现角色定位不准，或者过度干涉，因此要保持信息交流和沟通，建立信任机制，同时避免利益纠纷，为所有主体带来双赢的效益。

二、高校人才培养模式协同创新的主要模式

（一）由政府、学校、行业企业主导的合作模式

由政府、学校、企业主导的合作模式是指政府牵头，参与大学生的培养过程，以在多种活动中增强学生的实践及创新能力。对于政府、学校与企业之间的协同，可以从以下途径开始。

首先，由政府引领的大学生志愿者服务活动。众所周知，志愿者服务主要由政府或招聘部门根据活动或项目要求，提出对志愿者一定的素质和能力要求，并对成功入选的志愿者进行严格的训练，确保他们能按照组织的期望和要求完成实践活动。尽管我国大学生对志愿服务展现了极高的热忱，但实际参与的人数却相对较少。这说明当前的志愿服务存在供需不平衡、社会化程度较低，同时缺乏专业的组织架构，大学生难以通过志愿服务满足社会服务和个人发展的需求，志愿服务的潜力未得到充分发掘。因此，政府应高度重视这个现象，借助志愿服务引导大学生参与"西部计划""农民工子女关爱行动""服务社区困难群体"等活动，通过实际社会实践，激发大学生的参与热情，实现他们的自我价值和成就感，并养成他们的实践能力和团队合作能力。

其次，企业科技文化竞赛。这类竞赛通常由政府主导举行，借由科技文化竞赛，进一步提升学生的创新能力，并为学生与多个行业企业协同创新架设起桥梁。以麻省理工学院所主办的"十万美元商业计划竞赛"作为例子，该竞赛历史

悠久，成效显著，每年都有无数创新成果在此竞赛中诞生，很多赢得奖项的项目被以高价买走，参赛队伍因此跻身为企业的一部分。因此，我国政府可以依据现有的"挑战杯"全国大学生课外学术科技作品竞赛、全国大学生数学建模竞赛和"毕昇杯"全国电子创新设计竞赛等科技竞赛，积极为高校建立能够检验应用能力的平台。科技文化竞赛能准确有效地将行业企业的科技需求传递给参赛的学校团队，使得参赛团队能整合自身专长和企业需求，投入创新研究。在组织竞赛过程中，行业企业需要与学校进行良好沟通，企业可借助高校的专业人才和先进设备，学生则可以利用企业真实的工作环境，持续检查项目的实施可行性。在科技文化竞赛的实施阶段，学生通过自我创作的作品发现和解决问题，从而加深了学习的热忱和研究的自发性。他们的团队合作和创新能力也会得到进一步的培养。学校也可以以此展现和检验人才培养的定位、特色和效果，通过策划和参与多层次、多学科、多形式的科技文化竞赛活动，推动相关学科专业的交流和课程的发展，增强学生的科研能力，并为优秀人才的崛起提供了专门的平台。

（二）以科研机构、学校、行业企业为主导的协同模式

科研机构、学校及行业企业的协同是建设创新型国家和高水平研究机构的迫切需要，也是提高行业企业自我革新技能和培养高级创新人才的必然选择。此种协同可以表现为以下两种模式。

首先，采用项目导向的策略进行团队协同。2012 年，教育部推出了"创新团队发展计划"，该计划的核心目标是以高校为研究中枢。我国有机会借此机遇，使得各个独立的科研机构和行业企业通过具体的研究项目与大学建立合作关系，实施多学科和跨专业的研究及人才培养。这样的团队协作方法能够弥补和增强传统科研机构、企业和高校在建立跨学科专业平台方面的不足，研究项目团队将科研机构、企业和高校的专家学者紧密联系起来，为他们在知识创新上提供一个资源互补的平台。

其次，在高校建立科研院所和行业企业联合实验室。在高校创建的联合实验室中，一方面，行业企业和科学研究机构可以为大学注入研究基金，以此改善校内现存的科研条件，并让学校共享科研设施和实践基地。另一方面，科研单位和行业企业同样可以高效利用大学的知识库和人才库，使得在一定范围内知识、科技和人才的流动成为可能，为研究机构培养高层次的有科研能力的学生，为行业企业培养具有较强实践能力的学生。同时，研究员、行业专家及高校教师和学生之间的流动机会大幅提升，科研机构、企业和高校可以借助于派遣学者、研究人员、教师和学生等方式，以达到更好的协同创新。

综合来看，该模式让科研机构能够邀请大学教师与学生参加研究工作，引入新鲜的知识和思维模式，旨在开阔研究视野并在项目研究过程中培养将来所需

的科研人才。同时，高校也可以借此契机，通过充分利用科研机构的研究工具和设备，改善自身的科研条件。此外，企业也有机会通过科研机构和高校的知识转移，增加自我创新的能力并招募优秀人才。

（三）以行业企业——学校为主导协同模式

行业企业——学校为主导的协同模式作为资源共享的有效平台，有助于高校与行业企业的资源互动。在创新驱动的社会背景下，积极促进高校与行业企业的联合创新对于改变发展策略、推动校方改革至关重要。重视高校与行业企业的协同合作，并将此视为提升自主创新实力的关键措施，是高校所必需的。高校要认识到行业企业作为技术创新的主体性，并积极寻求将校内学科领域与企业生产环节的有效结合，同时融合创新的主体、元素和环境。在实际操作中，可以从以下两个方面展开。

首先，实施多主体之间的实习协同。这主要是引导学生与大学融入企业环境中，实现教学与研发的联动，增强学生的实践技能。主要涵盖以下几个方面：一个是学生进入企业。在每年的冬季和夏季假期，企业会接纳一部分实习生，在实习过程中，学生可以全面掌握实习单位的企业文化，同时不断提升他们的实践能力。二是高校与企业联合监督。在学生进行实习的过程中，企业会通过筛选流程选出符合标准的学生，并将那些需要进一步进修的学生名单反馈给学校。新学期伊始，学校会根据企业的反馈，为每位学生制订个性化的实习教学方案。因此，高校需要设立专门的实习教学管理部门，主动调配和管控企业与学生间的实习培养计划，提高企业对人力资源的需求并找出适合学生的实习岗位，同时依据学生的实习反馈资料调整培养人才的策略。另一方面，学院和企业应对学生提供一些补助，以保证学生的生活没有负担，使他们可以将更多精力投入实习。

其次，科学精神与创业精神的协同。企业的诞生源于创业精神，而高校以科学为本质的存在。推动科学精神与创业精神的协同，能够在人才培养中树立敢于冒险、大胆创新和宽容失败的精神，构建相互合作、共同成长的团队氛围。高校校园的社团就是一个典型的团队模式，并且社团对学生科学精神和创业精神的培养是协同人才培养重要的部分。社团可以利用自身特点，结合与行业相关的企业，借助企业实践项目，聘请行业专家作为学术导师来指导学生的研究实践。在学生的积极参与和行业专家的指导下，企业能够找到所需要的人才，学生也能确定自己的兴趣和期望的企业。在毕业之际，企业与学生可以提前进行双向选择，从而实现双方的共赢。

三、高校人才培养模式协同创新机制构建

（一）利益协同机制

高等教育的人才培养模式协同创新需要由浅入深，不断从小范围扩大至全局，逐步实现从政府、高校、科研机构到企业等各方的公共资源的共享。同时，要实现多元主体之间在多个或单个项目中的共享合作，跨越不同的组织、行业、学校及专业领域，打造多元化的项目协同。一个稳定的协同创新机制应通过协同满足不同参与者的利益诉求。尽管在协同创新中各个参与方的目标和价值观并不总是一致的，他们都期待通过合作和平衡达成各自的目标或利益最大化。但这也暗示着在参与方之间有着一个最理想的利益匹配点。总的来说，在实现协同创新过程中，合理地构建利益分配机制以实现"利益平衡"是重中之重。

然而，就目前我国高校培养人才的状况来看，政府、高校、研究机构、行业企业基于利益而自愿协同创新的情况尚未见到，若想要达成高标准、高起点的多元主体人才培养模式的协同创新，政府的引导机制必须得到完善，外部利益协作机制也需有一定的改进。这意味着政府、行业企业、研究机构、高校等各方需要先确定各自的利益领域和责任边界，提升多元主体的主观意识和对风险的认识，且在承受风险的同时也能共享其中的利益。

因此，高校在人才培养模式协同创新过程中，需要表现出具有先见之明的观察力和宽大的睿智态度，应当明确协同创新的目标旨在培养优秀的人才，而非为了与合作伙伴争利益。他们需要遵循开放的思想，鼓励多个参与者自愿介入，主动承担他们应尽的职责，预计成功所带来的收益，有放弃部分利益的胸怀，并推进多元参与者形成人才培养协同创新机构，定期探讨、及时解决在协同创新中出现的问题，最终让所有的参与者在协同创新中都得以受益。作为根据市场需求创造财富的多元参与者之一的行业企业，需要积极调节高校和研究机构对市场需求的被动态度，为他们争取更多的实现人才培养目标的项目，让他们的存在和发展得到市场经济竞争机制的激励，培养出满足市场需求的技术人才。此外，高校、行业企业和研究机构之间需要形成一种长久的合作关系，让多元参与者的人才培养有持久性，推动各方在资源共享中承担更多的职责，这是促进高校、行业企业和研究机构在风险和利益观念上实现协同的基石。

（二）目标协同机制

高校人才培养模式的目标协同机制就是多元参与者共同采取协作行动并带来成功的基础条件。目前，世界正在经历大规模的发展、改革和重整阶段，全球的科学技术和教育领域呈现出新的发展趋势。现代科技创新模式正在从传统的线性

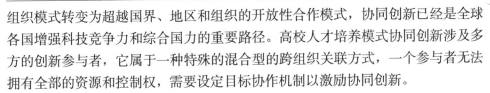

组织模式转变为超越国界、地区和组织的开放性合作模式，协同创新已经是全球各国增强科技竞争力和综合国力的重要路径。高校人才培养模式协同创新涉及多方的创新参与者，它属于一种特殊的混合型的跨组织关联方式，一个参与者无法拥有全部的资源和控制权，需要设定目标协作机制以激励协同创新。

假如目标不集中，就会导致资源使用也不集中，假如目标不明确，那么行动就会变得模糊，由此会造成失败的后果。因此，唯有当各方能找到可以共享的发展目标，方能集结各自的人力、财力和物力，进而提高实现目标的动力。每个参与者都必须对协同创新的总体目标有共识，保持积极态度和强烈的责任心，这样才有可能推动大家热心投入人才培养和协同创新。因此，我们应把对企业、国家和经济发展的责任作为协同创新的目标，以推动国家科学文化的进步和增强国家整体实力。

以政府行政职能为基础，通过对开展学术活动所需人力、财力、物力等资源的协调分配，以法律法规的形式保护各参与方的基本权益、权力、职责及义务等，确保多元化的人才培养协同创新目标能够顺利实现。高校和科研机构在学术领域拥有较大的发言权，故对于人才培养的专业选定、课程设计等可提供专业性的建议；对于偏离目标、不切实际的人才培养实施计划可提出修正性的意见；对其他教育参与方的创新观念、创新方法、执行流程具有一定的评议权。

在协同过程中，行业企业需具有一定的执行权，主要包括受权来协同执行高校人才培养目标，拥有创新成果进入市场的权利，以及分享由创新成果带来的经济利益的权利。另外，行业企业也需要承担一些责任，主要包括与高校和研究机构配合进行人才培养，提供优质的实践平台，为大学生提供实习机会，吸收优秀毕业生进入企业工作，以及与高校和研究机构一起进行研发活动，转化科研成果。总体来说，所有参与方在协同过程中都需要履行自己的责任和义务，高校和研究机构需要在协同过程中对行业企业提供科学指导；对于学生提出的理论上合理但实践上有困难的创意，所有参与方都应予以支持；需要深加工的项目应持续进行深入研究；全力支持提高学生的创新能力和实践能力。

（三）政策协同机制。

政府和有关部门已经构建了一个以学生为中心的人才培养政策协同体。这个协同体旨在探索创新的人才培养模式，主导思路是提升高校教学质量并提高人才培养水平。在这个协同体中，政府扮演的是推动者的角色，对社会的服务是其最终产出，企业界则成为人才知识从书本理论走向实际应用的跳板，而高校和研究机构则是创新知识的发源地，共同构建了一个相互依存、互利共赢的协同创新机制。

首先，政府需要高效进行科技管理及人才培养制度的顶层设计。高校的人才培养创新需要多种参与者统一思想，形成合力，并且需要政府在整个过程中提供指导。首要任务是推动政府的科技管理改革，加速政府管理功能的转型，强化科技部门间的交流合作，以便为大学人才培训模式协共同创新提供资源和解决难题，帮助各类参与者克服资金、组织和管理方面的困难。接下来则需要加强制度的顶层设计，创建完善大学协同创新的组织平台、科研经费、实践场所和评价等方面的政策制度，打破大学与其他多个参与方之间的体制壁垒，加强政策的落实，完善协同创新的执行和监督机构，建立公平的利益共享机制。

其次，需要制定相应政策，激励多元主体参与大学人才培养模式协同创新。明确来讲，政府应该负责组织并实施人才培养规划方案，对有意申请协同创新的人才培养项目给予一定的激励和政策扶持。在提高政府财政投入力度的同时，还需要拓宽人才培养经费的来源，建立各种协同基金，借助制度的形式，保证资金的公正透明化使用，且定期对资金使用状况进行监督。政府还需要借助建立高校人才培养协同创新平台，加深学校与企业、学校与科研机构间的互聘和考核，实行人才的协同培养及学分互认机制，使得大学的科研、学科发展和人才培养更紧密地结合在一起，进而构筑新型的大学人才培养协同创新政府服务模式。

简而言之，大学生人才培养模式协同创新的最终目标，是提高多元主体参与人才培养的主动性和积极性。通过不断优化高校人才培养模式，真正使得高水平企业、科研机构参与到人才培养模式和计划的设计中来，参与编撰教材和提供教学案例，建立合作教育基地，设立各种奖学金等措施，从多元主体的各种角度来推动和协调人才培养的协同创新并健康发展。对大学生，特别是参与人才培养协同创新项目的学生，提供相应的辅助政策，以便他们在毕业后依然有发展的机会和空间。

第五章　　高校创新型人才培养研究与发展

第一节　创新型人才培养的价值理论

一、人才培养价值理论分析

一般而言，价值是指某种物品满足人类需求的内在属性。从哲学的角度看，价值是一个关系范畴，包含两个方面的要素，即主体需要与客体属性，只有"主体"与"客体"之间形成满足与被满足的关系时价值才能存在。换句话说，物体的价值在于个体需求和物体属性的完美融合。当物体的属性与功能能够满足个体需求，激发出满足与被满足的关系时，物体才有实质性的价值。人才的价值就是利用自身属性在社会实践中满足他人、社会乃至自我需求的能力。人才作为特殊的人类群体，其价值体现在以下四个方面。

（一）社会价值与自我价值相统一

人才具备一种"双重性"：他们不仅是社会的主体，同时也被社会视为客体。从人才的价值判断，作为社会的客体，他们需要尽全力发挥能力，在物质或精神方面作出贡献，以满足他人和社会的需要，这就是人才的社会价值。同时，人才作为社会的主体，也希望他人和社会能满足他们的个人需求，如生存、发展、安全、尊重和实现自我等需求，这构成了人才的个人价值。在实际生活中，人才的社会价值主要反映在他们通过自我行为满足社会需求的程度和范围。例如，他们为组织、社会或者国家创造的价值，并且组织、社会或者国家如何回馈他们，包括给予他们物质报酬、地位、荣誉等，作为对他们社会价值的认可。人才的个人价值表现在他们的存在和行为如何满足自身发展需求，主要反映在他们的才能、兴趣、爱好、个性和生活体验满足感等方面。

（二）工具性价值与目的性价值相统一

人才既是社会的主体又是社会的客体，因此从目的与手段的角度看，人才既具有工具性价值又具有目的性价值。人才的工具性价值是指，人才是社会发展的动力，不管是生产力的发展还是生产关系的变革，都是以人（尤其是人才）的发展为基础和前提。因为生产资料使用、生产工具升级和社会制度变动等因素，都必须依赖于人的素质提升。人才的目的性价值，代表了他们是社会发展的归宿。生产力的进步为人才的发展提供了物质支持，生产关系的改变为人才的发展提供了制度保障，生产力和生产关系的每次调整都能推动人才发展。

（三）静态价值与动态价值相统一

人才价值实现是一个在实践活动中持续发展的动态创造过程，体现了人才的动态价值；同时，人才价值实现也具有阶段性，体现了人才的静态价值。因此，人才既拥有相对稳定的静态价值又包括不断发展变化的动态价值，其静态价值与动态价值相统一。比如，一位科学家从甲单位流动到乙单位，他在甲单位取得的业绩、作出的贡献就是静态价值，这既是他流动的资本也是乙单位接收他的依据，到乙单位任职后，他通过知识创新、技术研发等形式取得新的业绩、作出新的贡献，这就是他的动态价值。

（四）潜价值与显价值相统一

人才价值实现必须建立在特定的社会环境之上，这需要通过参与实践活动，将其内在的知识及能力转变为具体的成果并得到社会的认可。具体来说，就是通过医疗、健康保护、教育、培训、实践实训等措施，强健体魄、保持健康，丰富知识、提升技术，并在一种特定的机制引导下将人才分配到适宜的工作岗位，这样他们的知识和能力就可以被有效利用，转化为社会承认的成果，价值得以最终实现。被社会认可价值的人，会得到相应的回报，进而提高他们的生活生产水准，更好地完成自身价值的实现。从这个过程来看，人才能够实现价值及实现价值的程度是受制于主客观因素的，这也就决定了人的内在价值和实际价值之间一般存在差距，有时这个差距甚至非常大。这种差距就是由人才价值的潜在和显现的特征，也就是人的潜价值和显价值所决定的。

二、创新型人才发展的时代价值

（一）加快社会主义现代化

推动我国的现代化建设，一直是中国的百年梦想，同样也是中华民族走向伟大复兴的必由之路。国家兴旺，人民生活富裕，发展成为关键。我们需要创建一个现代化的社会主义国家，基础上仰赖于发展，但发展也离不开资源和人才供应的支撑，尤其是依赖于那些富于创新精神的人才。在当前的世界，我们正处于知识经济的时代，知识经济的兴起颠覆了对经济社会发展重要资源的依赖。这些资源已不再是农业经济阶段的土地资源，也不是工业经济的钢铁、石油等实物资源，而是人才尤其是那些具备创新才能的人才视为关键资源。

在历史的进程中，为了实现全面和稳定的经济、政治、文化和社会进步，以及解决诸如资源匮乏、环境退化和生态脆弱等问题，必须提升国民素质并充分挖掘和利用中国的人力资源，同时积极引进与培养大量层次各异的创新人才。我们需要培养众多有着超强科研和管理才能的领导干部、企业家、科研工作者及多样化的社会人才。因此，我们需摒弃陈旧的人才理念，拓宽视野，尽可能地开发和吸纳创新型人才，既要吸纳各种已经取得成就的人才，也要看中有发展潜力的人才，同时也要考虑国内外、体制内外，以及存量和增量的人才，并坚持在政策、待遇和服务上平等对待，让各级各类的创新型人才尽展所能，充分发挥他们的作用。

（二）增强国家核心竞争力

对一个国家来说，要想在激烈的国际竞争中获取主导地位，抢夺经济与科技发展的领先地位，就要加速培养创新人才，这是其战略决策。因此，需要以长远的眼光和开阔的视野，在全球竞争背景下，制定具有全球视野和未来导向的创新型人才发展战略，建立与我国科学发展、和谐发展、和平发展相适应的创新型人才发展目标和战略举措，以更加主动的姿态应对激烈的国际人才竞争，打造中国的创新型人才竞争优势。

（三）推进创新型国家建设

对照世界各国的发展路径，主要可以归纳为三个类型：第一，资源驱动的发展模式，主要是通过开发和使用丰富的自然资源来增加国家的财富价值，如中东的石油大国沙特阿拉伯等；第二，依赖型的发展模式，主要是依靠发达国家的资源、市场和科技发展，像拉丁美洲的巴西、阿根廷、智利等；第三，创新驱动的发展，将科技创新定为国家的战略重点，并通过不断提升科技能力和竞争优势来赢得优势。

在面对建立创新型国家的各种困难和劣势时，我们必须明白，人才是创新的主要动力。为了实现创新型发展，促进科技进步对社会经济发展的推动作用，我们必须不断培养创新型的人才，并真正提高他们的创新能力。

第二节　创新型人才培养的教育环境建设

一、创新型人才培养的教育环境

（一）教育环境的结构

结构与系统连接。系统是指整个事物，结构是指系统的相关组件，即组成元素及各要素的组成。高等教育环境的结构包括以下内容：一是构成学校教育的各种要素，二是这些不同要素进行结合的方式。良好的高校教育环境是一种创新的教育环境，可以帮助社会培养创新型人才，帮助其实现社会化，为其智力能力及品德和个性的发展提供成长环境。在这一过程中，在每个环境的构成因素中，有与整体状况有关的宏观因素，也有直接影响学生的微观因素。

1.培养智力的环境

智力能力培养环境是传播知识、发展学生智力及各种能力的重要环境。在这一环境中既包括宏观因素，也包括微观因素。宏观因素主要指校园氛围、进行教育和研究的条件及学校的管理水平等方面。微观因素包括教学内容的安排、教科书选择、课程的设定、考试模式的选择等方面。在教学的过程中，每一部分的内容都会对其造成影响。

2.培养学生品德和品格的环境

学生人格发展的环境对学生非常重要，在一个有利于培养学生品德的环境中，更有利于学生形成高尚的人格、独立健全的人格，正确的人生观、世界观及价值观。组成这一环境的因素有很多，既有宏观因素，也有微观因素。前者有学习与外界的交流互动、学生进行学习生活的校园文化环境等；后者包括校内的人际关系、举行的具体活动等。教育环境是一个完整的整体，在这一整体中，各个组成部分相互影响，将其作用共同发挥出来。在整个教育环境中，除了传授知识以外，应当进行学生创新素质的培养，无论是培养智力能力，还是发展学生的个人品德，都应着重对学生的创新意识进行培养，让他们掌握创新方法，具备创新能力。

（二）教育环境的功能

高校一直致力于为社会培养高度专业化的创新型人才，也正是在这一过程中，体现出高校教育环境的功能。高校教育环境的功能大致可以分为智识能力培养功能和品德个性发展功能两类。

1. 智识能力培养功能

在国家与社会的发展过程中，教育有着不容忽视的作用。其中，最重要的功能之一是培养智识能力。在知识和技术都飞速发展的时代，高校不仅应重视知识向学生的转移，还应该培养学生运用知识及进行实践的能力。向学生传授知识、解答学生困惑一直是学校的重要任务。在现代社会中，通过教学来发展学生的智力及培养他们的能力仍然是高校教育最重要的功能。在我国的《中华人民共和国高等教育法》中，对高等教育的任务提出了明确的规定：高等教育是为社会培养高级专门人才，要求他们具有创新精神，拥有创新能力。在高校教育环境中培养智识能力主要涉及以下 3 个方面。

（1）传授知识

从广义上说，教育是旨在培养人的社会活动；从狭义上来说，它是教师根据某些社会要求，依据学生的身心发展规律，有计划地向其传授知识，培养思想观念和道德素养等各方面能力的活动。教育的目的是培养受教育的人，使他们成为对社会有益的人。在农业社会中，并非人人都可以上学，大多数人的知识来源于其父母和与亲戚的日常交往中，在这一过程中，他们也只能获得一些必要的知识和技能。但是，自从工业社会发展以来，家庭不再能够为年轻一代传授知识。因此，从社会学看来，教育是一种社会制度，在这一过程中，某个人或者是某一个群体向另一个人或者另一个群体，通过正规的途径，有意识地将其拥有的知识或者技能等进行传授。尤其是在当今的知识经济时代，高校是各种知识的中心，在这里学生不仅是在积累知识，也是在不断地创造知识。换句话说，高校教育不仅要向学生传递知识，还必须通过较高水平的科学研究活动不断地创造新知识。成功的教育在于其传授的知识本身就是新知识，或者知识必须符合新时代和新世界，具有一定的新颖性。

（2）发展智力

智力的发展意味着高校教育应着重培养学生在知识转移过程中对所学知识的运用能力。与传授知识相比，高校教育应更加重视学生智力的发展。首先，当今社会是知识爆炸的时代，虽然知识在我们随时都能够触及的范围之内，但是这并不代表每个人都可以轻松地获得它。获取知识的过程并非是一帆风顺的，必须是在个人的主观努力作用下才会发生。社会的飞速发展使知识的更新变得越来越快，如果一个人受过高等教育，但是其不具备学习能力，也将会被社会所淘汰，也会跟不上时代的发展。其次，在知识经济时代，对于那些懂得运用知识的人来说，知识就是非常宝贵的财富。知识经济中的"知识"是指那些可以转化为能力

的知识。简而言之，现代高校教育应将发展学生的智力作为首要目标。

（3）培养创新能力

学生受到大学教育环境的影响，能够掌握一定的知识和技能，离开学校参加工作之后，可以将其运用到具体实践中，独立完成工作任务。除此之外，学生还应该具有创新能力，可以持续学习，进行知识积累，能力的形成与知识的积累两者是分不开的。创新能力能够帮助学生保持一颗积极进取的心，跟上社会发展的脚步，不被社会所淘汰。因此，在高校教育中，对学生创新能力的培养非常重要。

2. 品德个性发展功能

除了培养学生的智识能力以外，培养学生的品德个性的发展在高校的教育环境中也非常重要。在高校的教育环境中，学生能够养成独立高尚的人格，让学生得以健康成长。高校承担着培养人才的重要责任，如果高校教育环境不合理，会导致社会化不能正常体现，从而损害学生的身心健康。

道德人格主要包括以下内容：道德品格、个人人格和精神等。当今社会对人才的要求除了应该具备的才能之外，对人才的道德和品格发展的要求也非常高。他们应该具有品格高尚、人格独立、敢于超越自我、勇于创造的精神。大学生不仅在学校学习知识和技能，还在学校进行日常生活，学生之间的沟通、建立的师生关系、体验的校园文化和生活的校园环境都会对学生的身心产生不同程度的影响。因此，高校教育应注意每个要素的发展情况，使学生的道德品格能够得到良好的发展。

（三）教育环境的重构

1. 教育环境的整体性重构

（1）创新高校人才培养观念

实行高等教育的主要场所就是高校，其主要任务就是为社会培养出符合时代需要的高级专门人才。所以衡量一所高校是否具有世界一流水平的标准就是能否培养出具备丰富的科学知识、拥有高尚道德同时具备实践动手能力、富有创新精神、具有国际竞争能力和全球意识的人才。因此，要创新现代高校教育观念，坚持将人文科学作为核心，更新现代教学观，将全面提升人的综合素质作为目标追求，实现人的个性化和全面化相统一，科学素质和人文素养相统一，专业知识和通识教育相统一，文化的创新、内化和传承相统一。

（2）教育环境的整体性重构

要对高校教育环境进行重构，就要以实现人的全面发展为前提持续教育创新，首先就是要改变当前的教育环境观，也就是说高校教育环境应该是一个向前发展的成长环境，既有利于智力开发，也便于能力的培养，帮助人的身心健康发展。高校教育环境的整体重构是教育环境系统化的必备特点，具体如下。

①综合性。"综合"是与"分化"相反的概念，指的是在某种特定情况下，将多种物质、多种类的事物进行有机整合，这些事物结合在一起就成了系统。在"学校"的有机整合下，各种教育因素构成了教育系统，也就是我们说的"教育环境"。高校教育环境最重要的一个特点就是综合性，高校教育环境的综合性体现在：

其一，教育环境的构成具有平衡性。从高校教育环境的整体上来讲，只有促进品德个性发展和能力智力培养环境的平衡发展，才能实现学生的全面发展。当下，由于我国高校教育环境失衡，从用人市场的反馈来看，高校毕业生整体素质还有待提高，这也是高校教育改革的重要环节。

其二，教育环境因素具有全面性。高校教育环境的综合性也体现在环境构建因素的全面性上，其是否失衡决定着综合性的发挥成效。

其三，教育过程综合化的对象是每一个相关因素，具体指的是方法的多样化、课程的综合化、管理的多层次、活动的丰富化等。

②开放性。知识经济为主的时代下，高校教育逐步从经济社会的外沿走向中心地带，同时高校教育也开始产业化，直接参与到经济生活中。所以，高校教育现代化亟须开放性，这就包含以下两层含义：

其一，高校教育环境内部的开放，也就是破除学校内各专业之间的藩篱。协调各科任教师之间的合作，组织和调整课程与专业，实现资源的共享。除此之外，高校教育环境内部对能力、专业知识、个性环境并不进行具体区分，而是将其合为一体，如在讲授知识的过程中也在对学生的能力进行培养，还能培养其情操。学习活动和培养能力活动互不分离。最主要的是要明确环境构建因素的开放性。

其二，高校教育是个体从学校走向社会的重要时期。高校教育环境要培养的人不只是能适应社会发展和社会生活，还要能加快社会发展。所以，高校教育环境应该强化与社会各行各业的联系，同时从中取得经验和教训。高校还可以通过与科研院校、企业等建立多种形式的联合体，实现"科研生产"，从而形成固化联系。

③发展性。不论是教育发展的历史，还是教育发展的实际，都让我们认识到高校教育环境的构建始终处于变化的状态。社会是在不断向前发展的，因此教育系统作为社会系统中的一员也要不断改变。农业经济时期，高校始终处于经济社会发展之外，发展异常迟缓，工业经济时期，高校处于经济社会发展外沿，相较于经济来说，其发展具有滞后性和被动性；随着知识经济的来临，高校成了经济社会发展的中心，在引导社会发展方面具有不可忽视的作用。由于高校发挥的作

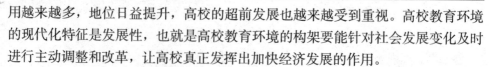

用越来越多,地位日益提升,高校的超前发展也越来越受到重视。高校教育环境的现代化特征是发展性,也就是高校教育环境的构架要能针对社会发展变化及时进行主动调整和改革,让高校真正发挥出加快经济发展的作用。

2. 教育环境因素的重构

通过以上对高校教育环境现状的分析,我们认识到高校教育环境及其功能发挥的长处和短处,为高校教育环境的重构奠定了基础,而高校教育环境重构的方向和重要内容则依靠于学生在高校教育环境因素创新上的评价。

(1)智识能力培养环境的重构

要实现智识能力培养环境的重构就要着力做好下面3项工作:

①课程综合化。创新人才最主要的一项特征就是要在知识基础上既广博又专业,因此高校学生的课程设置也要向着综合化发展。这也体现了高校教育环境的综合性,为的就是给通识教育打好基础,进而培养出既具备专业知识,又学识渊博,基础还较为扎实的人才。实施课程综合化是提升高校学生知识素质的必经之路,可以从以下两方面看出来:

其一,通过对课程结构的调整强化基础教育。在学生对于高校创新教育环境的各种评价中,制约创造力培养的重要外部影响因素之一就是课程设置方面的不合理。因此,当下的课程改革应该以"广基础,宽口径"为目标,把一些类似的专业结合起来形成课程体系,特别是要在基础理论的教学方面进行强化。

其二,将文科、理科和工科课程互相渗透来培养综合型人才,使其既具备科学知识还拥有较高的人文素养。要想提升高校教育环境的开放性,打破专业间的隔阂、院系间的桎梏,就要设置一套文理课程综合体系,涵盖大学生通学必修课、本系必修课、他系必修课、他系选修课和本系选修课。

②教材资料先进化。要让学生开阔眼界,就要将教学材料及时进行更新,即采用最新的教材。人才创新的重要基础就是让学生了解最新技术,掌握最新知识,在学术层面具有广阔的视野。此外,由于整体的高校教育环境还没有实现完全开放,对最新的专业动态、社会需求及世界发展趋势也不太了解,那么落后是必然的。所以要想办法提升学校的管理水平,畅通信息渠道,加强高校和社会、高校和高校,以及高校和国外高校之间的联系和交流。

③改善教学科研条件。科研条件和教学条件主要与以下两方面内容有关:

其一,教学活动中师生之间用来进行信息传递的设备和工具;其二,教师的科研水平和知识素养,这两方面内容共同决定着教师能否将最新的、先进的文化知识传授给学生,加快创新人才的形成。所以,教师应该充分利用现代化技术手段,采用最新的科研设备,提高自身科研能力和知识素质,从而有效激发学生的学习热情和求知欲望,提升学生的积极性和主动性,促使学生之间更加互相理解，推动学生开发智力，提升创新能力。

④创造更多机会参与社会实践和社会工作。在提升学生的创新能力和综合素养方面，社会实践和社会工作发挥着重要的作用。所以，随着科技的不断进步，要将注意力放在实验教学设备和内容的更新换代上，倡导将科研与实验教学相结合，创造机会让学生能尽早地参与到创新活动与科研活动中，强化学校管理的科学性，加快学校整体建设，对资源进行全盘共享，提高使用率，在校内外建设实习基地，创造更多的机会用于学生的实践活动，增强学生社会实践创新水平。

⑤提升高校管理的民主性，为学生营造一个适宜培养能力的环境。高校管理的现代化水平决定着高校教育环境的开放性、发展性和综合性。从社会学的角度来讲，由于高校管理系统的层次过于集权致使系统陷入僵化。所以要实施高校管理的民主化，其一，要坚持人本观，坚持教师和学生在教育中的主体作用，这也是实施好高校管理民主化的重要基础；其二，建立民主机制，提倡高校内外多方主体共同参与，特别是重视学生的参与权利，保障学生的主体地位；其三，要不断丰富民主管理的形式，创造更多民主管理的机会，鼓励广大师生热情参与。实施高校民主化管理不仅能有效提升学生的管理能力，还有利于学生其他能力的培养。

（2）品德个性发展环境的重构

基于用人市场对高校毕业生的素质评价可知，学生的"道德水平"和"爱国精神"是较为丰富的，而在"合作精神"和"人际交往"方面稍显不足，在"自我认知"及"心理素质"上则处于明显劣势。这表明如今的大学生整体素质水平还是较高的，但在个性和心理方面存在不足。因此，高校在品德个性发展环境重构上就要向着培养具备健全个性和现代人格素质的方向发展。

教育的个性化和共性化问题是我国高校学生发展因素的首要问题。换句话说，就是关于人的自由意志和人的社会化的问题。共性是社会化的最终结果，因为社会化的本质就是求同，目的是保障每个个体都能被社会接纳并成为社会的合格公民。其用同样的道德标准要求每个公民，遵守统一的规则进行生活，从而保障社会的正常运转。个性指的是人与人之间在心理和生理方面的差别，个性化的本质是尊重特性的求异过程，目的是激发人的创新精神和自尊。毋庸置疑，从社会的生存和发展层面来讲，要实现人的个性与共性相统一。个性特征是事实存在的，所有教师都要对学生的个性化差别进行关注，同时有的放矢，针对性施教。实际上，很多时候教师都是用同样的标准和眼光来看待所有学生的，将学生划分为"好学生"和"坏学生"。这就直接抹去了个体差别，消除了学生的喜好与特长，甚至用共性替代个性，致使"过度社会化"。

现代社会是十分开放的，体现在容许个体在个性化和社会化方面的协调统一发展。共性化最关键的地方在于对学生合作精神的培养，通过学校活动、同学交往及师生关系，让学生意识到集体之于个人的重要性，进而培养团队意识。此外，从教育的本质上讲，推动个性发展，这既是教育的出发点也是教育的落脚点。因为就人的发展而言，缺乏个性就是缺乏创造力，没有个性就难成伟业。现代社会在人的创新思维、创新精神及创新能力上都有一定的要求，当前高校教育所面临的挑战就是怎样实现所有大学生的个性发展，并成为具备独立精神及创造能力的人。

二、创新人才培养的校园文化建设环境

（一）创新人才培养的环境因素

创新以实践为载体，在实践的过程中，创新的主体会发现新事物、产生新思想。创新可以从无到有，也可以在原有的基础上继续创新。创新的本质特点是进行变革、实现超越。创新型人才指的是能够开展创新活动、具有创新精神的人才，人才开展创新活动的环境被称为创新人才环境。人类的创造性不仅包含创作主体的思维，也包含创造主体的实践活动，而且它还体现了创造主体自身的人格与素养；与此同时，创造性还会受到创造主体外部的环境影响。

1. 创新人才培养的外部环境因素

创新环境对创新能力的培养有促进或制约作用。虽然对创新能力起决定作用的是创造者本身，但是环境的作用也是不能忽视的，因此要培养学生的创新能力，就应该创建有利的环境。

（1）信息环境

要营造能够方便获取资讯的优良的信息环境，包括现代化图书情报资料系统、实验设备系统、网络共享系统和广泛的学术交流传播系统，以便学生能够及时查阅资料、获取最新信息。

（2）群体氛围环境

学生在班级、课堂或其他学生团体中学习生活，需要活跃、高效、民主、宽松的氛围和良好的人际关系。这样的环境有利于促进学生自主学习与发挥主观能动性，能够激发出学生的灵感与创新思维。

（3）公平公正的竞争环境

公平公正的竞争环境是人才开展创新的外在保障，良性竞争可以有效地激发创新者的创新动力，也有助于创新者发挥出最大的创新潜力。良性的竞争环境是维持创新积极性的重要保障。

（4）优良的传统和浓厚的人文氛围环境

优良的校园传统对学生的成长有着潜移默化的作用，在优良的校园传统文化

熏陶下，学生能够吸收传统文化的精华，并将其转化为自身的素养与内涵。浓厚的校园人文环境能够培养学生的良好素质，促进学生创新能力的提高。

2. 创新人才培养的内部环境因素

真正的创新人才要依靠教育对象的内部环境优化来实现。创新人才培养的内部环境指的是学生的创新精神与个性的培养，包括批判性和革新性的精神、浓厚的创新兴趣、远大崇高的理想、独立的个性与品格、勇敢无畏的冒险精神、顽强的意志力与斗志等。

（二）培养创新人才的校园文化环境

高校是传播社会主义核心价值观的重要场所，高校的校园文化建设是一个长期的实践过程，是全校师生共同作用的结果。校园文化是学校师生价值观念、思想行为的整体体现。校园文化代表了整个学校团体的精神风貌。校园文化建设是一项不断发展、深化和创新的工作，它要求我们坚持以学生主体的需要为原则，发挥文化活动的教育功能为宗旨，根据客观实际情况来规范和引导校园文化的建设，从而为培养具有创新精神和实践能力的人才服务，因此校园文化建设成为培养创新人才的重要环境。

从校园文化的功能来看，它具有文化上的熏陶性、思想上的感染性、价值上的取向性及教育上的引导性等功能。这些整体功能在校园文化建设过程中有着重要的作用，能够大大激发学生参与校园文化建设的热情与创造性，能够鼓励学生在课堂之余，怀着强烈爱好，秉着锻炼提高的思想，以极大的热情投身于校园文化的建设中。所以，在校园文化的建设过程中必须凸显校园文化的教育作用，应该结合学生的实际情况有针对性地在校园文化建设中加入有教育作用的活动，并且活动的设计要尽量以学生感兴趣的模式为主，吸引学生主动参与校园文化活动，在活动中潜移默化地培养学生的创新意识，提高其创新能力。力求做到在校园文化的感染下，学生能够在艺术情感上得到升华，塑造出更加完美的人格，从而促进学生创新能力的发展。

校园文化主要包括教师文化与学生文化，但是从本质上分析，教师文化很大程度上是为学生文化服务的，以教育学生为主，所以从整体上来看，校园文化的主要部分是学生文化。良好的校园文化有效地促进了学生之间的交流沟通，学生与学生之间可以通过一些共同的爱好形成紧密的联系，以爱好为连接开展校园文化活动，能够促进学生的身心健康发展。通过校园文化建设，学生的价值观念和思想行为会相互影响，他们之间的互动也更加频繁多样，也就更容易在共同的活动或组织中形成相互关心、相互尊重、公平竞争等观念，从而在身心方面对学生创新能力的提高起到正面影响作用。

从校园文化的内容来看，其内容是丰富多彩、形式多样的，丰富多彩的校园文化有效地促进了学生创新精神的发展。校园文化主要由两个部分组成，首先是物化文化，其次是精神文化。不同种类、不同形式的文化极大地丰富了学生的精神世界。多元的校园文化能够满足校园中不同层次、拥有不同兴趣爱好的同学的精神需要，实现同学们的内心追求，使学生能够在多元校园文化的熏陶和影响下，培养自己多元的创新能力。

校园文化具备了包括广泛性、现代性、实践性在内的各种特点。在其内涵和参与范围上，校园文化极具群众性，使得学生可以根据个人的喜好选择性地参与其中，其反映出了当代的动态趋势，也呈现了当下最有力的声音。现在的校园文化都展现了知识经济时代的理性之光，学生在科技文明的广阔领域中寻求人类文明的成果，引发了一股强烈的科技学习热潮。同时，它也通过学生的社会实践，展示了实践的特质，培养了学生的技能，奉献出了他们的青春。因此，校园文化为培养创新型人才提供了广阔的空间，成为创新人才培养的重要环境。

构建能适应创新型人才培养的校园文化机制。校园文化是培养创新人才的重要环境，因此在推动校园文化的发展过程中，我们必须坚持以创新教育为主导，建立以培养创新人才为重点的校园文化建设机制。

（1）建立提升创新能力与技能的校园文化机制

创新型人才的一个显著特征就是掌握高层次的知识和技术的同时，能运用它们实现新思想和取得新成果。故而，校园文化建设应聚焦于提升创新人才的知识和技术水平。具体步骤为：①在知识经济飞速发展的时代背景之下，学校要积极开展科普文化活动，如在校内举行科技创新试验竞赛、创新创业设计大赛等；②学校要在法规和经济上为创新科技人才的培养提供有效的扶持；③需要逐步引导学生参与科普创新活动，激发他们的主动参与热忱，并聘请相关的专家和教师进行辅导；④发挥学生社团的重要作用，吸纳并激励学生投身于校园文化建设中。

（2）建立培养创新型人才的个性化发展的校园文化机制

创新型人才的成长是以学生积极向上的个性发展为基础的。具体措施如下：①营造活泼、轻松、民主的课堂气氛和集体价值目标；②加强制度文化的建设，形成公平、合理、有竞争性、高效的文化气氛；③大力倡导尊重知识、尊重人才的新风尚，形成有益于创新能力发展的舆论环境；④加大对学生心理健康教育的力度，帮助学生形成良好的个性和人格。

（3）建立培养创新人才人文精神的校园文化机制

人文教育在丰富学生的感情世界，提高他们的艺术想象力上发挥着重要的作用，能够启发学生以全新的视角去审视未来及全球。具体的策略包括：①秉承科学教育与人文教育同等重要的价值观；②引领学生阅读以人文为主的书籍，组织以人文知识为主题的讲座等活动，让人文教育融入课堂中去，实现人文教育课程化；③对人文素质教育进行系统性的规划，使其能够全方位、多维度、制度化、长期稳定地持续发展。

（4）构建对创新型人才的评估制度，确保创新型人才培养的高质量

创新人才的评价体系有效地保障了校园文化建设的水平和质量。首先，创新人才的评价体系建设应该明确体系的培养目标和培养内容；其次，应该以培养目标为方向，培养内容为框架制订评价体系；再次，应该建立创新人才的组织档案，对人才开展定期的自我评价、他人评价，并及时根据评价结果指导学生的创新方向；最后，创新人才的评价体系应该与学校其他对人才的培养体系相结合，实现对人才的全面评价。

三、创新人才培养的学科文化建设环境

培养创新人才需要高等教育进行全面、系统的改革与创新，这是一个系统性的工程。在建设过程中不可忽视的一点是学科文化，以学科文化为基础，实现人才的系统培养、学科专业的研究及对社会行业的服务。创新人才的培养需要良好的氛围，因此必须注重学科文化的环境建设。学科文化是创新人才成长的重要资源，通过以创新学科文化为载体，进行创新人才素质、能力等各方面的培养，有助于加速教育改革，提高整体的教学水平、教学质量，有助于实现教育目标。

学科文化是学科是否成熟的标志，是学科发展趋势的目标，学科文化的发展会促进学科前沿的演进。以创新型人才培养为目标的学科文化建设，对于学科建设和研究生教育具有"双赢"的意义。

（一）提炼与创新学科精神文化

学科文化具有独特的专业性特点，而理解和提炼这些特点，以形成优良的科学精神和文化观念，是构建学科文化的关键和核心。学科文化中的价值观、思维模式、行为规范、语言系统等，都是教育资源的宝库，能对研究生的学习过程产生巨大的影响和指导，助力他们逐步建立起合理的学术研究基础和逻辑，同时也能为他们在学术领域中的探索提供支持。教师在掌握专业知识的同时，也要注意学习和训练学科哲学理念、价值观及学科思维方法；要充分提炼学科文化中蕴含的科学精神、探索精神和创新精神，激励学生建立追求真理的宏伟理想，并激发他们的创新动力；将注意力放在营造良好的学术氛围上，关心学生的生活和身心健康，塑造健全的创新人格，通过文化精神的创新，为创新型人才的成长注入强大的精神动力。

（二）筛选学科带头人并凝聚学科力量

人力资源是第一生产力，"人"是最重要因素。在竞争激烈的信息时代，有

着独特性的学科建设，最根本的要素依然是"人"。学科带头人对学科的生存和发展起到了决定性的作用。他们不仅需要积累深厚的知识，能在自己参与的学科领域中出类拔萃，还需要有开阔的眼光和豁达的气度，能够融汇各种不同的学术理论和观念。他们只有具备高尚的道德素养、深邃的思维境地，以及独特而有魅力的个性特质，才能带领一批学术骨干，统筹和引导学科成员进行教学、科研以及各类学术活动。目前，高校学科带头人的年龄增大和后备力量不足的问题日益严重。学术骨干的大规模离职，部分学科带头人过于专注学术，忽略个人品性修炼，不仅没有做出榜样，反而带来了种种负面效应，严重阻碍了学科发展和研究生教育质量。高校需要摈弃任何官僚主义的束缚，重视学科带头人的挑选和培养，选拔过程中既要关注学术能力，也要考量个人品格。通过挑选和培养合适的学科带头人，吸引知名教授和优秀的年轻教师组成学术团队，以凝聚学科力量，提升学科文化。

（三）优化与创新学科制度文化

学科文化中，制度层面扮演着重要角色，它将物质文化与精神文化紧密结合，涵盖学科组织架构和规范、职业道德的策划及进一步的完善。基于创新人才培养的学科制度建设，重点要抓好以下 3 个方面。

①针对研究生教育的体系与规定，应持续进行优化与完善，且必须严格遵循因材施教的原则，以创设更优越的环境与条件，以此培养更多优秀人才。

②实施激励和竞争机制，通过合理的良性竞争达到优胜劣汰，借由奖励来鼓励优秀的学生。在体系建设过程中，要坚持人本主义，强化个性化教育，以广大研究生的实际需求为出发点，持续创新制度文化，为创新人才的发展提供优质的平台和良好的环境。

③建立健全学生导师的培养机制与遴选机制。对学生的指导应该由单一教师指导向联合指导转变。与此同时，也应该建立健全学生导师的竞争机制和淘汰机制。对学生进行指导，需要教师自身的能力水平较高，只有这样才能培养出创新能力和科研能力都具有高水平的学生，只有自身有深厚的学科知识，对学科有深入和透彻了解，才能够培养研究生的创新能力，才能将研究生带入科研领域。因此，要为建设一支具有高素质、高水平和高质量的导师队伍提供必要的制度保证。

（四）建设好学科物质文化和软环境

学科物质文化是学科精神文化的外在体现，是学科的形象和标志，包括工作环境、学科设施（实验室、设备）、培养的人才、学科的形象标志等。良好的学科物质文化能够增强学科成员的自豪感和对本学科的认同。我们需对内涵进行规划设计、创建、修整和扩充，以此升级学科的设施设备及其功能，为人才的创新发展创造良好环境。学科内部应与负责学生教育的部门紧密协作，实施学生创新工程的建设，不断推进研究生教育的改革，努力优化学生教育的硬件和软件设施，以提供"个性化培养"和"研究生教育创新工程"的良好环境。

第三节　高校创新型人才培养模式的构建

一、高校创新型人才培养模式构建的原则

人才培养模式要以人才培养的目标和专业设置为前提进行构建。目前，在高校教育体系中，虽然每一个具体的专业在人才培养的目标、方向和定位上不尽一致，但他们的目标还是相对一致的，人才的培养需要和高等技术的建设、生产、服务和管理等一线人才需求相匹配，其培养模式需要按照统一的目标去设置。

《关于全面提高高等职业教育教学质量的若干意见》（教高〔2006〕16号）强调，高职学院应始终关注市场需求的变化，积极去满足本地和行业的经济与社会发展需求。在学校的现有条件下，应有针对性地设置和调整专业。根据市场需求和现有专业设置的情况，致力于创建以主导专业为首，相关专业进行支持的专业集群，为当地区域、行业、企业乃至农村提供服务，以帮助学生提高职业技能。该意见针对专业设置与发展方向的基本原则和理念，提出了"专业群"这一概念。

专业群，即以一个或多个教育力量强大、就业率高的专业为核心，由与之紧密相关的多个技术领域或科学学科的专业组合而成。其主要标志包含两个方面。第一，所有的专业通常是围绕某一特定行业设立，共享相同的工程目标和近似的技术领域。在教学实践上，这一特色体现在所有专业的实习教学能在一套系统中完成，大批设备设施可以公用，部分实验或实践任务需要合作完成。这对于高职院校实习基地的建设具有关键的影响。第二，所有专业是学校在长期教育中，以特定优势专业为核心逐步扩展出的一种专业，这些专业有共同的学科基础和专业理论课程基础，因而能有共享的教师资源，进而构建出强大的专业教师队伍和良好的师资环境。

根据专业群的理念，我们接下来要针对高校创新人才的培养框架进行详细解读，其中应遵循如下的准则。

（一）培养目标实现"三个满足"

首先，需要满足被培养者职业岗位的最基本的职业素质要求及职业技术能

力，这些能力能够成为学生就业谋生的基础条件；其次，需要满足学生在本职岗位上，因为职业生涯的晋升和发展，而需要掌握的相对完整的知识结构和综合素质；最后，需要满足学生在思维、精神、人文素质等能力上的需求，让学生能够应对各种变化，并且具有创新意识和终身学习意识。

以上三个层次的满足是从教育目标上满足三个层次，高校能够满足三个层次的要求，也就说明学生通过培养满足了具备基本的职业技能和素质的同时，也具有了职场上需要的应变能力和技能。另外，还满足了学生个人职业发展的综合素质和创新素质等技能，让学生不仅能够胜任自己的职位，同时还能够发展自己的职业生涯，成为创新型综合发展人才。

（二）知识、能力与素质结构体现素质与能力"双线"模式

如何将教学与实际职业岗位需要相结合，制定出适合高校培养创新型人才的教学模式，是各个高校应该尽担的职责，对于学生在职业岗位上的综合素质及技能的提升需要经过理论实践相结合的教学模式的印证，让学生从知识到素质再到能力的增长等各个方面都达到人才培养的各方面要求，掌握核心的素质和能力。要对知识和具备职业素质的能力进行明确的认知，从而根据认知体系，制定出相应的素质、实践、理论、教学创新四大体系，让素质教育和职业能力两个方面同时提升，培养出综合素质极高的创新型人才。

知识素质与职业能力是高校人才培养中的两个重要方面。我国人才教育的培养模式之前是以理论为主，而现在更加注重人才的能力培养，这种转变也需要在实践中不断地进行磨合和优化。学科本位人才培养模式往往忽视了对能力的培养，因此培养出的人才难以胜任职业岗位，对社会经济的发展产生了一定的阻碍；能力本位人才培养模式基本根除了忽略能力培养这一弊端，使培养出的人才可以满足岗位的需求，但这种模式在一定方面也存在着缺陷，对于人才的全方面综合发展和可持续性发展有一定的薄弱点存在，而且如果遇到复杂多变的职位要求，也相对难以适应。所以如果想培养更全面的人才，就需要将知识理论教育和相关的职业技能培养双线并行，以保证创新型人才的全面发展。

（三）教学设计突出"一个合作"

合作在高校教育中有着十分重要的地位，比如在人才培养模式的构建中，校企合作就很重要，不但能够体现出与课程相关的模式和方法，而且校区之间的合作能够以双赢为前提，让各个合作方通过自己独特的优势，共建一个共享平台，使人才培养资源更加丰富，从而提升学生的就业竞争力和综合素质能力。在学校和企业两种不同的环境中，学生受到不同的教育，享有不同的资源，这让课堂与实践岗位有了相结合的机会，同时也更便于培养出适合实际需要的创新应用型

人才。

高校教育直接服务于社会与经济的发展，因此高校的人才培养目标要体现出"重应用、重技术、重技能、重现场"的特征，让人才不仅具有职业素质，能够应对复杂多样的环境变化，也具备相应的实践能力。高校通过这种教育，让学生的技能、行业的需求及市场的需求三个方面得到良好的平衡，这也让高校的人才培养模式能够在实践运用中，更好地与管理和服务、建设等建立起更密切的关系。

校企合作是高校人才培养必不可少的一种模式。如果想要培养出既具备综合职业素质，又能够适应社会需求的人才，校企合作就必须起到桥梁的作用。高校可以通过与社会上的一些企业、成功企业家进行合作，扩大高校的教学资源，使他们参与到教学设计、教学改革等工作中；同时，教师也要对职业岗位相关的知识、能力、素质等方面有更深层次地了解，随时更新社会需求，了解社会发展，并制订相应的教学计划，对于教学内容和体系的调整需要符合社会需求的变化，确保职业岗位的教学具有针对性，保证创新型应用人才的质量。

（四）坚持"以人为本"，体现创新教育

企业竞争因为社会经济的发展而不断加剧，我国对于创新型人才也有了更高和更急迫的需求。所以学生的创新能力及创新精神的培养成了高校教育的重要任务。"以人为本"是高校培养创新型人才需要坚持的原则，因为"以人为本"的核心是将人才本身作为主体，由教学目标、培养模式、被教育者本身共同构成。

知识、能力、素质三者在创新型人才培养模式中需要有机结合起来，要打破传统观念，注重对学生进行个性教育，力求实现个体的全面发展。要在教育教学过程中的方方面面，比如，在课程的体系设置、教学内容方式、实践活动以及评价体系等方面，都要针对教育的创新性和个性化的发展来制订。

创新教育和自主性学习，对于创新型人才培养是非常重要的两个方面，创新教育需要在教育的过程中，注重对学生创新意识和创新精神、能力方面的培养，同时也需要在课程内设置创新教育课程，结合教学要求开设创新教育和创业教育，并让双创教育贯穿高校教育的始终。要重视人文关怀，为学生营造轻松、和谐的氛围，促使学生主动参与各类创新活动，培养其创新意识，激发潜在的创新能力。要尊重学生的个性发展，实施个性化教育，鼓励学生充分发挥其学习自主性，真正实现个性化学习的目的。

二、高校创新型人才培养模式构建的对策

传统教育强调知识的积累，是一种继承性教育，传统教育更多追求的是专一和稳定的教学方法和内容，把掌握知识作为主要目的，这种方式不利于培养创

新性。而目前的社会发展对人才有着更高的要求，人才的培养模式也会随社会的需求转变而发生变化，这将会在许多层面都体现出来。在人才培养中，创新是所有素质要求的核心，所以在传统教育基础上，如何将创新教育融入新的教育模式中，即打破固有的传统教育模式，融入新的教育观念，需要在单纯传授知识的基础上，通过学生创新意识和能力的培养，让学生能够运用自己掌握的知识，去解决实际问题。人才培养工作需要与创新精神的培养、创新意识的培养及创造性思维和能力培养相结合。要牢固树立创新教育观念，只有观念上的更新，才能够给予创新型人才培养以明确的思想保证。

创新型人才的培养需要为之提供一个良好的创新环境，让整个人才培养环境处于一个相对民主和自由、相对宽松和进取的氛围。只有提供良好的环境，学生才能够在这个环境中更好地实现自我价值，利用这个舞台，激发自我潜力，使之发挥出更强的创新能力。

（一）优化硬环境

以实验室、实训基地、图书馆等为基础加强创新教育的基地建设，根据实际情况配置部分现代化科技装备。同时校外的第二课堂对创新教育也十分重要，即设立一定的创新教育基地。近几年来，已经有院校升级了实验室，实验室的升级预示着高校科研水平及教育能力的提升。实验室通过具有吸引力的课题、精良的设备、充裕的实验基金和优质的管理来吸引教师、学生和研究人员参与其中，为大学生的课外科技活动创造了条件。

（二）优化软环境

硬件设施具备后，还需要通过科学化的人才教育管理体制，来优化教学内容及相关的课程体系，以培养学生良好的知识和能力结构，为学生最终成为社会所需人才奠定坚实的基础。要改革教学方式方法，就要多采用现代化、高科技教学手段，如多媒体教学、网络教学等，以营造良好的创新环境。在考核与评价方面，应取消固有的百分制、等级制，将教师的注意力与积极性引导到教学工作上来。此外，还应建立新型师生关系，实现师生间民主、平等的交流与合作，为学生创新能力的发挥创造良好的心理环境。

（三）构建多元化知识结构

创新是以科学合理的知识结构为前提和基础的。因此，高等教育必须从人才培养出发，建立具有完整性和有序性的创新型知识结构。

第四节　高校创新型人才培养的方法与途径

一、创办培养创新人才的学校

（一）建立现代大学制度

伴随着高等教育的迅猛发展和深化，一些隐蔽在深层的矛盾及问题日益显现。一方面，作为教育和授课的主体，高校仍未能摆脱各类制约，这对提高教育质量、学术水平和办学效率具有一定的负面影响。制度创新是应对这些深层挑战的基本策略。另一方面，政府的教育投入主要涵盖在基础教育和一流大学的建设上，但大多数高校的教育经费则是匮乏的，但这仅仅是一方面。经济学家张维迎在《财富》论坛"世界500强"的讨论中指出："国际竞争的决定性因素并非是资金和人才的比拼，因为资金和人才皆能全球流动；也不是技术的争霸，而在于制度的竞赛。在中国的长期发展过程中，我们应该学习的是如何进行制度的改革。"他进一步重申了制度的影响力。这个观点对我国大学教育的引导作用一样重要。大学之道在于其包容和尊重自由思考；其特色不在于其宏伟的建筑，而在于其内在汇集了一众著名的学者。在知名大学中，人才不断涌现、大师云集，这主要归功于一种制度文明的成果，而非短浅而只求眼前利益的政策能够迅速创造出来的。

现代高校是实施高等教育的核心机构，它的根本性质应包含传播、利用、整合以及创新的过程。同时，它的功能也越来越丰富多样，如承担人才的培养、助力科技研发，以及为社会提供直接服务等。这也形塑了现代高校作为一个学术与文化的实体所具有的3大特点：①提倡学术自由。②实行教学研究相结合的教育形式。③秉持社会服务导向的办学方式，这也是高等教育的一般规律。在市场经济环境中，它独特的性质使其成为一种特殊的产业，但由于它含有"公益性"和"功利性"两种特性，所以总的看来，它无法完全产业化。不仅如此，现代高校也是国家进行科研工作的重要组成部分，它的综合实力是衡量一个国家在教育和科技领域的重要指标，也能反映出一个国家的整体实力。现代高校的综合实力主要涵盖三个方面：其一是办学理念，这是成功创建现代大学的精神支撑；其二是建设水平，包括各类高水平的学科、优秀教师团队、一流的图书馆、实验室、校园网络设施及良好且宽松的文化和学术环境，这是办好现代高校的物质基础；其三是办学成果，包括教育质量、学术成果及向社会作出的直接贡献和投资效益回报，这是学校创造的外在价值。建立现代高校体系的根本目的，是解放高校的生产力，增强并优化其综合实力，其核心在于转换机制，让现代大学成为社会自立办学的法人单位和竞争主体。

我国高等教育改革的深化迫切需要建立"现代高校制度"。现代高校作为理论研究的对象，是必须全面研讨的重大课题。一些学者认为，建立现代高校制度应涵盖以下诸多要素：建立自主法制运作的管理机制、流动性强的教师制度、科学的高校评估机制、多方投入的教育机制，以及校领导的高度专业化和动态更替制度等。另外，自主法制运作的规则应包括招生权、聘用权、财政权、国际交流权等方面。虽然教育法已经对这些权力进行了设定，但是真正实施还需要通过具体制度来保证。还有学者认为，建立现代大学制度，需要对院校与政府的关系、学校内部管理的架构、学校与社会的关系等方面进行系统设计。《中华人民共和国高等教育法》规定："国家依法保障高等学校中的科学研究、文学艺术创作和其他活动的自由。""高等教育应当面向社会，依法自主办学，实行民主管理。"这些规定为我们国家建立现代高校制度提供了理论支撑。

现代高校制度的核心理念是切实尊重学术自由，实行学校的自治性，面向全社会并实现民主管理，且这一切都在政府的宏观调控下运作。这些要素应被认为是现代高校制度的根本特性。打造一个现代化的高校制度涉及多个环节，对于如今的高校，其教育理念、教学改革、人才培训、学术管理及科研等各个方面都需要创新的理念和制度。全面推动现代高校制度的建设，激活高校的潜能，在政府的宏观管理下，真诚为社会服务，依法自主办学，实行民主管理。逐渐成为具备自主权的法人实体与竞争主体，提供有效的制度保证以更好地为高等教育、科技创新及社会经济发展服务。高校应当全面履行人才培养、科学研究和社会服务的三重职责，使其成为国家创新体系的重要支柱、推动经济社会发展的强大动力，同时也为高等教育事业赢得更多的发展机遇和更广阔的发展空间。

（二）因材施教，注重个性培养

学生丰富且多元化的个性及其充分的发展，是衡量社会进步的一个重要尺度。通常，那些具有创新力和产出创新成果的人，他们的个性都是独特且鲜明的。高等学校需要善于识别每个学生的独特个性，并基于他们的个性心理特质，采用不同的方式和教育手段，积极促进其个性健康发展，使无拘无束的个性成为推动创新的催化剂。在这多元的世界中，各种个性呈现出无数种风貌，有的人沉默寡言，性格内敛；有的人充满活力，性格开朗；有的人稳重深思，具有儒雅的内敛风度；有的人追求标新立异，喜欢接受挑战。只有根据性格特质采用适当的教育方式，才能激发他们的创新潜力，从而让他们的个性得以充分且自由的发展。

（三）教学与科研结合，发展创造力

学生不仅要做到对于知识的习得与传承，也应有勇气闯前人未曾达到的领域，锻炼自己敏锐地发现问题的能力，并能理性地分析及创新性地解决问题，以此提高科研实践技能。运用科学研究活动进行学生创新精神的培养是非常重要的方式。对于高年级的学生，我们应有意识地培养他们的科研能力，让他们参与教师的科研项目，或者自己申报不同级别的研究项目，开展科技创新活动，理解科研主题，掌握科研方法，进而培养创新意识。同时，需要重视科技创新的人文内涵，主动融入人文关怀于学生的精神世界，让每一个学生的思想、精神、意志、情感更为丰满、充足、活跃，更为自由、全方位、和谐地发展。

（四）营造一个有利于培养创新型人才的学校氛围

学校的环境与氛围能反映出其教育理念和教育模式。如果环境宽松、民主、自由、开放并且具有挑战性，那就是培养创新型人才的理想场所。在当前的情况下，我们的德育工作应该以促进创新人才发展的环境建设为重要内容。

1. 推进学校环境建设，打造有利于创新的物质和精神环境

首先，我们的职责是完善学校的硬件设施及教育环境，并引入先进的教具，实现教学多元化，这样能够提升学生道德教育的吸纳力。其次，在精神层面上，一方面要进一步加强校园文化建设，倡导学术自由，提高学校的文化品位，并引导学生在课余时间积极参与各类校园文化活动，以此营造出一个良好的创新环境；另一方面要强化创新团队的建设，提高和发展学生的创新能力。个人的发展与团体是紧密相连的，21 世纪的人才必然要具备社交能力。曾担任过美国总统科学顾问的乔治·基沃斯曾经提到科学创新的"两 T 理论"，即科学创新是依赖才能（talent）和团队（team）的。实践证明，人与人之间的协作能产生"社会支持效应"，从而使"大局的价值大于其各部分的总值"。最近几年，很多诺贝尔奖的获奖者都是得益于有效的团队合作，这也说明在创新过程中合作的重要性。因此，道德教育应特别重视创新团队建设，使每个学生都拥有健康的成长动力和优秀的社交关系，在团队内建立团结、友善的心理氛围，从而激发学生的创新思维，并提升他们的创新能力。

2. 德育管理的转型

为了满足创新培养的需要，我们必须对德育管理模式进行改革，即从科学管理模式逐渐过渡到人文管理模式。这种转型需要德育管理体现以下 4 个特征。

（1）创造性

它倡导我们丢弃僵化、过时的管理模式，构建充满创新活力的相关结构，并大力推动健康有序、宽松和谐、开放高效、激发热情、鼓励创新的管理机制。同

样，它也要求德育工作者自身具有巨大的创新能力，具备适用于现代的多种能力。例如，自我学习和发展的能力、创新突破的能力、面对挑战的能力、科学预测的能力等；能够创设有利于学生创新的环境，例如，积极培养优秀的班集体，促进所有学生的相互学习、交流和竞争，形成富有创造性的学生群体。

（2）民主性

它倡导在执行德育管理时，重视"以人为本"的思想，遵循民主、开放的原则，彰显鼓励、创新的精神，实施民主化、合作化的管理模式。采取民主的管理手段可以激发教师和学生的积极性和创新精神，调动和组织他们积极参与德育管理，为他们提供展现智慧、才能和个性才艺的平台和条件。同时，我们需要对教师充满信任，不能管得过紧、过于刻板，应给予他们更多的自决权，并为教师自我发展需求创造条件。对学生，应当实行差异化的管理，一方面要容许学生间的差异性；另一方面要激励学生培养自身特长和兴趣，为有特长的学生尤其是那些"偏才""怪才"的创造宽松的教育环境，支持他们创新能力的发展。

（3）创建一个鼓励创新、宽容失败的良好环境

中国人遵循传统的同时也畏惧风险，对创新的尝试总存在顾虑。创新需要有充足的冒险意识和探索精神，失败是其必经之路。因此，在这创新的道路中，难免会遭遇无数次的打击和失败。为了涌现更多的创新人才，建立一个鼓励创新精神、积极担当、有勇气领先，同时可以接受失败的环境和氛围是十分必要的。

（4）自由的环境

学术的探讨与辩论是自由氛围的主要体现。在这种背景下，教师和学生能够不受外来干扰，享受自由的教学、学习、研究，以及自由发表见解的机会。在这种自由的学术环境下，学生可以逐步培养创新的思维方式、创新精神和创新能力。思想的自由是创新知识的基础，但这些思想需要通过与他人（包括那些创造了已有知识的人）的交流和批评来形成，这是产生新思想和创造新知识的基础。然而，这种自由并不意味着可以无视规则和草率行事。教师的教学创新和学生的创新活动都必须遵循科学真理的准则。每个教师和学生都享有自由的权利，但这种自由同时要求他们履行相应的责任。创新人才的成长需要长期的、全面的教育和影响，而开放、民主、自由的环境是培养创新精神和创新能力的必要条件。

二、教师促进创新人才培养

（一）创新型教师的界定

对创新型教师的定义是什么？至今，学界对创新型教师的确切定义仍未明确。毫无疑问，创新型教师应具备一切创新人才所应有的思考特性。同时，他们承担着发挥人的潜能、培养人的个性和创新能力的任务，创新型教师应该包含更

深广的含义。创新型教师指拥有专注服务的精神和优异的心理素质，持有较完整的知识体系，和强烈的创新观念及较强的创新思维能力，擅于与人协作，并有独立个性，能够创造性地进行教学和学术研究，善于培养和激励学生的创新能力的教师。创新型教师应成为高校教师团队的骨干力量。

（二）创新型教师的工作特点与职责

1. 教师的工作特点

（1）工作对象的主动性

教师工作的主要对象是积极主动的人，他们在教学过程中不仅受教师的能动因素影响，也受学生的能动因素影响。如果教学过程中没有学生主观能动因素的参与，那么教学就无法成功。教师的工作对象具有主动性，使得这一过程不断地发生变化，并且还会反过来影响教师。因此，教师在教学过程中需要时刻注意这些变化，创新性地进行动态调整，千篇一律地模仿他人的方法或者总是使用自己过去的经验都会对教学效果产生影响。

（2）工作手段的主体性

教师需要采取适宜的教学策略，将自己的行为示范给学生，充分体现教师工作的主体性。虽然其他职业的工作者也需要操作某种设备，但并不强求他们的智能程度必须满足设备所内含的智能。而教育工作不同，教师在使用课本等资源时，必须将知识、理解力、情感和观念等都转化为自身的一部分，甚至要超越教材所涵盖的范围和层次。教师的创新思维、教师的人格特质、言语和行为等主观因素都是他们教育工作中的手段。这种工作手段的主体性，决定了教师应该注重自我发展，教师的教育效果首先取决于他们自身发展的程度，不只是他们的学术知识，也包括他们的创新能力、视野、道德水平、毅力和情感素质等各方面的素养。

（3）工作成果的间接性

高校教育的最终目的是培养出具备深厚文化和科学素养、强大思考和行动能力的专业人才，这就是我们所说的"特殊产品"。这个"特殊产品"的产出，不仅仅是高校教师的付出，也包含着中小学教师的辛勤耕耘。另外，它并不是直接以物化的形式出现，而是以潜能的形态存在于每个学生之中。在我们改造自然物的过程中，劳动者的影响在产品形成后就结束了，然而在"人才产品"的产生过程中，教师的影响会在工作结束后依然持续。教师对学生的这种影响会伴随其一生，甚至通过他们影响下一代和社会其他成员，所创造出的物质和精神财富，是无法用数值来衡量的。

2. 教师的角色责任

按照赫尔巴特的观点，人类的自然属性可比喻为一艘巨轮，只有当舵手按照周围环境的变化指引其行驶的路线，才能战胜各种风浪，抵达目的地。在学生的教育过程中，教师就充当了这种舵手的角色。赫尔巴特坚信，学生的心智发育全然依靠教师对教学方式、阶段和方法的持续研究和引导。赫尔巴特曾经说过，"承担以方法培养学生智力的重大任务，主要应由教师来完成"。教育的实质和教师工作的特性决定了教师的职责就是成为学生知识的传递者、方法的教授者、能力的培养者、视野的开拓者、人格的示范者、行为的导创者。

（三）创新型教师的基本素质

1.人的素质构成的多维性、复杂性

人的素质取决于其天生的生理构造，特别是感觉器官和神经系统的特点。然而，这仅仅是人类心理成长（感知、认知、记忆、思想、情绪、性格、能力等）的生理基础，并不能决定人的心理因素和发展水平。人的心理深深植根于社会实践中，同样，素质也是在社会实践中逐渐形成和提升的。对于某些素质的缺乏，实践和学习能够提供不同程度的补偿。

人的身心发展的总体水平，或者称之为素质，是在遗传和外部环境的共同作用下形成的。它揭示了一个人的心智成长和道德素养，换句话说，素质的最大特点在于其内在性。这意味着，素质不是外在的显现，是内在的质量，它并非取决于数量，而在于质量的优劣，它是本质，而非表层。然而，尽管素质是内在的，但是它还是可以通过外在行为表现出来，如行为习惯（行为规范、个人习惯，对待其他人和事物的态度等）、思维素质（思维方式、模式、思维深度，以及独立思维和创新能力）和心理状态（自我提升的程度、处理各种关系时在理论和实践上的立场等）。

2.创新型教师具备的基本素质

第一，需要拥有恪尽职守、热爱工作的心态，并把提升国民素质，培养创新型人才作为自己的责任和义务。

第二，拥有新时期的教育理念。树立科学的教育观和人才培养观念，能娴熟运用启发式的授课技巧，擅长利用现代化的教学工具。

第三，要了解并掌握现代的知识技能架构。在这个信息资源十分丰富，思维范围无限扩宽的新经济时代，社会对个人知识和技能的需求在新颖性、效用性、社会性等多个方面的要求达到了空前的高度。只有领悟并掌握现代化的知识技能，在学术和技术领域处于领先地位，我们才可能创新和有所发明；同样，这也是开拓学生视角，为他们规划未来道路的方式。

第四，具有创新理念。在教育与科研领域工作，心中充满对创新的热忱期待。能够颠覆传统的思维方式，打破传统观念，擅于发现问题、研究问题并解决问题。善于推翻常规，有勇气挑战过去的知识经验，具备敏锐的洞察能力和丰富的想象力，其思想具有超前性。

第五，创新能力强，包括对创新思维的驾驭能力和高超的应变和适应能力。始终做好准备，乐于接受各种前所未有的新的生活体验、思想观念和行为方式。乐于接受生活的变迁，擅长尊重各种不同的观点，理解并接纳各种观念和行为的差异和多元化，积极应对并适应环境的变化，与时俱进，勇敢地参与环境的改造。

第六，具备坚毅的个性和承受困难的能力。坚毅的个性是克服困难、最终实现成功的必要条件，教育工作充满了挑战又要求默默耕耘，既需要能够耐住寂寞，要有一颗平常心，甘于平凡而不平庸，要勇敢面对挑战，知难而上，保持自信、热忱和进取的积极态度，正确对待挫折和失败，始终保持旺盛的斗志和坚韧不拔的精神。

第七，具有追求真理的科学精神，包括探求未知世界的理性精神、实验验证的求实精神和批判创新的进取精神。需要拥有质疑、批判的勇气、大胆尝试和挑战的气魄及勇于冒险的精神，并坚持追求真理和科学。

第八，具有团队协同精神。随着竞争与合作的全球化发展，不受国界和地域的制约，人际依赖性日益加强，个人的成长和成功早已离不开团队的共同努力，没有创新意识和利他意愿的人，成为合作伙伴的可能性变得微乎其微。创新型人才必须有良好的团队精神，诚实的工作态度和处理人际关系的技巧，明白如何进行协作，不断向他人学习。在团队环境中，需培养宽容和友好的性格，不怕吃亏，乐于利他，有大公无私的精神，以个人魅力赢得别人尊重。

（四）创新型教师所必须具备的基本内核：敬业精神、创新意识及创新能力

教师职业的特点要求他们拥有高尚的敬业精神，这也是为什么在古代，人们常常把无私奉献的优秀教师比作"春蚕"和"蜡烛"的原因。富有创新精神的教师不仅要具备敬业精神，还要有强烈的创新意识和创新能力。要追求创新，鼓励创新，重视创新，让学生明确创新目标，引发创新潜力，激发创新热情，积极参与创新活动。只有在强劲的创新精神引导下，人们才能生发出强烈的创新意念。在这个日新月异的信息时代，不善创新的人将会被抛弃。即使对创新有着强烈意愿但缺乏实际能力的人，也很难达到创新的目标。因此，敬业精神、创新意识和创新能力是创新型教师不能或缺的三个要素，任何一项的缺失，都会影响创新型教师的完整素质。

三、高校课堂教学创新型人才培养措施

（一）树立创新型教学观念

我们可以把观念理解为我们对客观世界的认识和视点，其主导并影响着我

们的实际行为。观念作为社会意识的一种表现，反映了特定时期和社会的特性和需要。随着社会的进步和发展，观念也在不断地变化和更新，最终达到一种动态的平衡，以保持与社会进步的一致性。教学观念源于教育实践，它是对教育问题的理解和观点，是基于教学过程的观念展现，从根本上反映了教育领域的"上层建筑"，是关于教学各方面的理解，代表了某种价值取向。它主导着我们的教育实践行为，规范了我们的教学行动。教育的每种形式都有相应的教学观念作为支持，"看得见的教育行为背后总是有看不见的教学观念"，我们的教学观念决定了教师的教学方法、教学行为，也决定了学生的学习方法和行为等。要从根本上改革教育教学，应先从转变教学观念入手，这是进行高等教育课堂教学改革、培养创新人才最优先考虑的问题。

1. 构建创新型人才观

教育观的核心主题是人才观，它在教育目标和方向中扮演中心角色，对于人才的培养目标、未来才能的评价标准及教学实践和课程设计等都起到引领的作用。创新人才具有良好的创新素质，并表现出敏锐的观察能力、批判性思考、鲜明的个性和综合性的能力等特征，这些都是创新型人才观值得重视的地方。

2. 构建创新型教学观

随着社会的发展和转型，传统以认知为中心的工具理性教学观的局限性开始逐渐暴露出来，此种方法忽视教育过程中人的生命活动的生动性、复杂性，并过于夸大认知的确定性，甚至将教育与现实生活割裂开来，导致教育形式趋于机械化和程式化，使得培养创新型人才变得困难重重。因此，我们必须通过发展人的视角，树立全新的教学观，以个人生活环境为基准点，关注各种动态的转变和创新，注重教学过程的生成性，尊重每个个体的差异性。总而言之，创新型教学观是以动态且开放的视角审视教学。

3. 构建创新型学习观

一种普遍的认知是，学习观念代表着学生对知识和其学习经验的认识。也有人认为，这是学生对知识和学习构建的一种认知论信念系统，这个系统展示了对知识属性、学习属性、学习过程及学习环境等各方面的直觉认识。学习观反映了人们对学习行为本质特征的理解和想法，决定了教师的教学方式及学生的学习方式，从而影响着教学的效果和人才培养的质量。创新型学习观强调学生在学习中的主观积极性，强调学生主动构建自有的知识结构，强调学生的创新精神和实践能力，这有利于提高个人的自学能力、创新能力及整体素质。

（二）设置完善的课堂教学目标

教学目标既是教育教学的启动点，也是其结束点，它体现了教师对学生学业水平预期的成果。在所有的教学活动中，教学目标都是决定性的因素。简单讲，所有的教学行动都是为了实现教学目标而进行的，这是教育目标体系最重要的焦点和核心。正如迪克所指出的，"在设计教学过程中，最关键的工作可能就是明确教学目标。如果教学目标设定不当，即使教学方法再好，也可能不能满足学校或学生的实际需求。如果没有正确的教学目标，教学设计者就有可能陷入这样一个风险，那就是基于并不存在的需求进行教学"。通常情况下，教学目标可以分为两个层次：一是学科课程的目标，二是课堂教学的目标。具体来说，学科课程的目标比较抽象，与国家课程理念和改革有关，它限定了课程内容的选择和组织方式，对课程的实行和评估有影响。它通常是由国家行政部门和专门学者制定，为学生的发展和某一具体科目的全局规划做出基本规定和要求；而课堂教学的目标是具体化的课程目标，被用来引导、实施、评估教学，主要由教师根据学科特点、学生特点和教学方法制订，它更灵活，更具实践性和操作性。

1. 教育目标的综合化

在现代哲学理论中，我们经常会提到理性与非理性的因素。理性代表了逻辑推理和科学的思考方法，而非理性则涵盖了人类的直觉、意愿、渴望和本能等，二者之间存在着明显的差异。然而，人的意识行为实质上是理性和非理性的统一。身为学习主体的学生，在他们的成长和发展过程中，理性和非理性因素都起着重要的作用，这也是综合性创新型人才所必备的素质。在教学实践中，理性的教学目标要求学生掌握和应用知识、技能，非理性的教学目标则期待他们形成学习的兴趣，建立积极的动机和态度并且增强思考力、判断力和表达力，二者互补，缺一不可。

（1）培养创新型人才应确立理性教学目标

理性教学目标重在启导学生掌握和运用专业知识技能及培养他们的创新能力。学科知识属于学生健康成长和教育活动顺利推进的关键环节和桥梁，是开展任何教学活动的根本。知识为创新提供养分，创新是知识的融合与升华。

然而，不同性质、质量的知识对于学生创新能力的影响各不相同，不是一切知识都对创新有所裨益，都能作为创新的推动力和源泉。在教育教学过程中设立的理性教学目标，不仅要求学生掌握基础学识，还应让他们获得优质且有益于创新能力发展的知识，比如在逻辑上紧密相连的理论，具有程序性非事实性的知识，以主题为主导的结构化知识，还有各种各样多元化的知识。这些目标强调知识之间的联系性，让学生在面临问题时能积极结合已有的知识形态、结合问题状况不断深化思考，增强思维的灵活性，扩大创新的可能性。

（2）强调对学生非理性教学目标的培养

在提及与理性教学目标相对应的非理性教学目标的时候，我们的焦点在于激发学生的热情、积极性、态度和增强他们的思维、判断和表达等能力。这一点突显出创新型人才发展的内在要求，那就是我们不能轻视创新思维素质。根据心理学的理论，非理性因素主要是由愿望、创意、直觉和欲念等构成的。《学会生存》一书中的观点主张："通过通力合作，将个体的体魄、智力、感情和道德等各个方面有机综合，塑造成一个完善的个体，这实际上是对教学目的的一个广义的解说。"同时，爱因斯坦也提出，"优秀的个性和坚定的意志比聪明的头脑和博学的知识更为重要"。所有这些见解进一步传达出教学目标不仅仅包含理性的目标，更应该关注到感情、意愿、个性等其他非理性的目标。

2. 重视高阶能力的培养

深度思考是高阶能力的基石，这种心理属性能处理复杂的问题或任务，也是获得高阶知识、深化思考和进行知识迁移的核心技能。高阶能力所包含的不仅仅是创新、决策、问题解决、批判性思考、信息处理，还包括团队协作等多样化技能。深度思考是高阶能力的重中之重。

第六章　多维视角下的高校人才培养机制创新

第一节　基于 PDCA 循环的创新型人才培养机制

一、PDCA 循环理论概述

PDCA 循环是美国质量专家戴明博士基于全面质量管理建立起来的一套科学的工作程序。PDCA 循环是一种代表质量管理活动原则的框架，它包含四个阶段，即 P——策划（plan），D——实施（do），C——检查（check）和 A——改进（action）。这四个阶段既独立又紧密相连，形成一个整体的统一。

在 P（plan）的初始阶段，核心任务包括针对当前状态进行分析，识别出存在的质量问题，并找出这些问题的重要影响因素，从而设计出相应的解决方案。D（do）阶段，主要是依据第一阶段制订的方案去执行。在 C（check）阶段，则是要检查具体的执行状况和成效，并从中寻找问题，总结得到的经验和教训。A（action）阶段则是要根据在第三阶段中发现的问题，采纳新的步骤，创立新的规则和制度，为接下来的工作提供依据。

PDCA 的循环过程永远维持着一个螺旋式上升的趋势，每个循环周期都设定新的目标与任务，以此提升产品和工作的质量。然后又重新设定新的目标，开展新一轮的循环。这个过程就像在爬楼梯，每次循环都能跨上一个新的台阶。以这种反复不断的方式进行循环，能使质量问题日渐消减，从而使得产品或服务的质量持续提高。

二、将 PDCA 循环理论应用于高校创新型人才培养

（一）P（plan 策划）

在创新型人才培养的质量管理上，首要的步骤是评估目前高校培养创新型人

才的质量状况，找出培养环节中的质量瓶颈，清晰梳理影响创新型人才培养质量的主因。针对这些影响因素，高校需要设定相应的应对措施，并根据企业用人需求来设定培养目标和制定培养计划。

高校应该将创新型人才的整个培养过程纳入质量管理，包括教育投入阶段的质量、教育过程的质量和教育成果的质量，而且分析质量的影响因素也要贯穿创新型人才培养的整个过程。在教育开始的投入阶段，决定教育质量的元素包括师资力量、实践训练基地的建设及教育经费的投入等；在教育实施阶段，主要影响因素有培养目标和计划、课程教学、学校与企业的合作情况、学生的评价机制等。在创新型人才培养的成果产出阶段，必须得保证学生能够按时完成相关学分，并有保证质量的论文。同时，应建立毕业生反馈追踪制度，及时把握毕业生就业情况及雇主反馈意见。确定了影响创新型人才培养质量的因素后，应据此提出适当的改良方案，建立由大学主导、企业参与的质保体系，确定创新型本科高校的培养目标和计划，建立课程教学、实践环节、教师团队管理和评价机制等相关规范，并通过规章制度的形式予以明确。

（二）D（do 实施）

在 PDCA 循环过程中，D 阶段被视为最为关键的环节，其主要任务是根据 P 阶段所设定和出台的方案来进行实际工作的实施。高校必须对各部门、各岗位人员的具体职责有明确的规定。首先，学校要将创新型人才培养的质量活动分配落实到各部门，每个部门需要根据自己承担的质量活动来制定相应的质量工作职责。其次，明确各部门的质量工作职责后，需要对各个岗位的员工进行质量责任的分配，授权给他们，以保障创新型人才培养的质量目标得以实现。再次，需要规定创新型人才培养中各项质量活动的连贯性。最后，在质量体系运行的过程中，高校的领导需要时刻检查质量是否达标，质量工作职责是否落实得当，尤其是现行的质量体系是否能发现人才培育过程中实际存在或潜在的质量问题。学校的教职工和管理人员都需要严格遵守相关规定和标准，确保所有的规定和措施都能得到有效执行。

（三）C（check 检查）

在保证创新型人才培养质量满足标准的目标下，C 阶段被赋予了重大的责任和通过 PDC 循环实现过渡的角色。根据 PDCA 循环的计划开展工作后，对照标准，检查创新型人才培养过程各环节的质量是否达标。主旨是着重了解在创新型人才培养过程中哪些步骤已达到要求，哪些步骤还需改进，归纳成功的经验和失败的教训，查找和发现在人才培养过程中遇到的问题，以便在接下来的阶段做出反馈和对策。具体实施步骤如下。

1. 对培养目标的监控

通过考查企业对人才的要求、反馈人才质量的评估信息、对学生未来就业的展望及毕业生的跟进调查，对创新型大学原有的人才标准进行必要的修订，从而建立满足企业实际需要的人才质量标准。

2. 对培养过程的监控

以课业考试、邀请外部专家进行课堂评估、论文中期审查、实习单位的反馈等手段了解学生的课程学习、论文撰写和专业实践的进展。

3. 对学生信息反馈的控制

设立学生信息反馈体系，定期收集学生对课程教学、实践环节及论文撰写阶段的反馈信息。通过对毕业生的跟踪调研，掌握他们的就业适应情况、就业单位的反馈意见和毕业学生对创新型人才培养的建议，便于我们立即优化教育教学方案，以满足社会对于人才教育质量的期待。

（四）A（action 改进）

该部分的重心是：通过审查发掘在人才培养流程中出现的疏漏并马上修正；对修正之后的培养目标及教学方法的实施情况进行再次的考核；持续实施教学并逐步进行循环。在这个阶段，既要提炼高校在创新型人才培养过程中的知识和实践，将有价值的知识和手段转化为标准，并以规章制度的方式予以确认，又要汇总在人才培养过程中仍未解决的问题重新探讨，寻找到可行的解决方法，并在接下来的 PDC 循环中继续解决。

通过以上四个阶段的循环，逐步解决创新型人才培养中的质量问题，保障人才培养质量的持续提升。

三、建立创新型人才培养机制的 PDCA 循环

作为打创新型人才高地的核心要素，创新型人才培养机制也是城市依照国家政策方针，以创新型人才为对象进行的设计、组织、优化等各类管理活动的表现。通过使用 PDCA 循环模式来审视人才培养过程的每一个部分，我们可以将创新型人才的培养机制划分为如下四大领域：创新型人才的培养规划、管理、质量评估和改革。以创新型人才的培养质量作为主要评估标准，并关注质量管理的四个阶段，能帮助我们初步构筑创新型人才培养管理机制。这四个阶段相互促进并推动整体进程，呈现出一个确保人才培养质量稳步提升的螺旋增长框架。

四、基于 PDCA 循环的创新型人才培养教学质量监控

（一）健全制度，保障质量监控有章可依

我们需要完善对创新型人才教育质量的监控机制，设置从教导主任到教务处乃至各系部门的监控体系，要将教学质量的监控置于关键地位。唯有确立明确的规则和制度，才能有可依循的规则；需要制定出适应学校教学特色、教育目标和学科特性的教学质量监控规章制度，学校的办学理念和教育目标也要根据社会需求进行更新和调整。

（二）强化对实践课程和在线课堂教学效果的监控评估

在对教学质量的监控上，应全方位、多角度、大面积地进行，目的是公平地分配对监督、教务机构、各级学院、师资队伍和学生监控的权利和利益。同时，我们必须考虑到实践性课程的数量增多、学生大规模参与实践项目，且活动和竞赛丰富，这需要有针对性地管理。全方位培养创新型人才是高校的教学目标，不只局限于课堂知识学习，更要关注第二课堂及社会实践的学习质量。高校应制订理论与实践相结合的全面型人才培养策略，并拓展教学质量监控的评价标准，使培养出满足社会需求的人才成为最后的目标。随着信息化的普及，网络课程大量开设，各高校都应随时关注在线教育质量的监控，同时网络教育为教师提供了各种教学方法，可以通过加入师生群来检查教师与学生的课间课后辅导情况。网络课程鼓励学生自主学习，通过完成作业和项目的情况对学生进行考查。

（三）加强教学质量监控

监控教学质量并非仅是某个人或某个部门的任务，而是每个校区各部门所有人员的共同目标。因此，对教学质量监控的审核评估应当有多个视角的人员共同参与。教务部门与督导的审核结果应公之于众，并对在监控过程中产生的问题进行实时总结。对待在监控过程中出现的问题，应该采纳所有部门的意见，精益求精。在选拔督导过程中，不仅要考虑聘请全职教授，也可以根据学校的经费情况聘用兼职督导，并引入校外专家为教学质量监控提供反馈。教师是学校的核心团体，应该改变过去的传统观念，将监控教学质量的理念融入自己的行为中，充分发扬主观能动性，对教学质量监控可能发生的问题进行深思熟虑，并积极解决。

（四）改进教学质量监控

对于出现在教学质量监控中的问题，必须在各部门和个别人员层面上进行修正，以便及时改正。对于有效的改进方法，应在全校范围内推广学习，并激励那些能够快速回应质量反馈的部门和个人。只有那些敢于面对失败，敢于承担责

任，并在改革过程中持续改善的团队，才是真正的进步团队。对于暂时无法解决的问题，应该把它纳入下一轮的 PDCA 循环中处理。

第二节　基于 CDIO 理念的应用型人才培养机制

一、CDIO 概述

在近些年来，CDIO 专业教育模式已经在全球教育改革所取得的最新成果中独领风骚。自 2000 年开端，一个由麻省理工学院与瑞典皇家工学院等四所一流大学联手组建的国际研究团队，被 Knut and Alice Wallenberg 基金会赠予了近 2 000 万美元的巨额资助。经过四年不懈地探索与研究，他们成功地研发出了 CDIO 这一全新的专业教育理论，并且由此建立了一个名为 CDIO 的国际合作机构。CDIO 是构思（conceive）、设计（design）、实现（implement）、运作（operate）的缩写，而这也正是产品研发至运行整个生命周期中的重要步骤，它主张学生通过自主、实践、课程互动等方式学习专门学科。

CDIO 的教学大纲对于高校毕业生需要具备的能力做了四个方面的划分，这四个方面分别是基本知识、个人的专业能力、团队的沟通技巧及系统能力。通过实施这样一个综合的教学模式，确保学生能在这四个领域中实现预期的成果。在 2008 年，教育部的高等教育司发出了一份文件，成立了一个名叫"CDIO 工程教育模式研究与实践课题组"的组织。而在 2016 年，基于先前的"CDIO 工程教育改革试点工作组"，再次设立了一个新的联盟，名为"CDIO 工程教育联盟"。

在中国，有 105 所高等学府成员在"CDIO 工程教育联盟"中发挥作用。CDIO 的教育理念实质上是欧美最近 20 年来的教育改革理念的延续和拓展，其显著特征是给出了一套非常实用的、针对能力培养与评估的 12 项指标。2005 年，瑞典高等教育局利用这些指标对全国 100 个工程学位课程进行评估，结果表明，这套新的指标有着更高的适用性，更能有效提高质量。尤其需要指出的是，这些新的标准成功为工程教育的系统进步奠定了基石。

CDIO 包含三个基本文件，分别是未来愿景、详细大纲及 12 个规范的标准。这个想象蓝图为学生提供了在实际产品与系统中的构思、设计、实现和运行（CDIO）的实战环境，并强调对基本工程性教育的重视。该大纲是首个深度描绘工程师所需的基本技能、个人素质、团队配合及完整的 CDIO 流程的智能文件，它涵盖了 3 个层次、70 个项目，以及超过 400 个具体条款。12 个标准完整地指导了全流程的运行和评估，让工程教育的改革变得明确、可行、可评价，对于学生和教师都起到关键的指导作用。CDIO 所体现的系统工程学和一体化进展，表达了当代工程教育的发展动向。

二、将 CDIO 理念融入应用型创新人才培养机制中

随着我国高校不断深化改革，如何顺应我国的"人才强国"战略，积极寻求多样化的人才培育模式，是所有高校必须关注的关键问题。整体看来，大部分高校已在培养应用型创新型人才上投入相应的重视，并采用了一些针对性的行动，但依然有许多不足之处。在培养应用型创新型人才过程中，高校应深入认识和理解 CDIO 的理念影响，坚持问题引导和系统化思维，重点关注应用型创新型人才培育模型在 CDIO 理念下存在的问题，运用更为科学的手段和措施，将 CDIO 理念融入应用型创新型人才的培养工作中，推动对应用型创新型人才的培养，以实现更大的突破。CDIO 理念是目前国际上领先的工程教育模式，并已得到我国教育部门的高度认可，在多所工程本科高校的"优秀工程师"计划中已成功开展试点实施。目前，在专业设定过程中，成功实现了 CDIO 理念的本土化。

三、CDIO 理念下应用型创新型人才培养模式的优化

（一）创新应用型创新人才培养思路

在执行应用型创新人才培养的任务时，如果高校想充分应用并实现 CDIO 的原则，首要的就是应在创新型人才培养的策略上做足功课。实质上，这也正是强化学生理论和实践结合能力的关键所在，因此需要加大实践力度，同时也必须大力提升学生的主观积极性，对应用型创新人才的培养工作进行精心设计与系统规划，致力于实现更大的突破。

在具体实施时，我们需要将大学的"项目化"推向一个更高的层次，让每一部分都积极参与并形成一个富有成效的循环。我们应以积极态度提高应用型创新人才的"融合性"培养，如在教学环节，要实现 CDIO 的理念，可以让"小组协作学习"和"探索性教学"紧密相连，通过"项目化"的设计，激励学生主动学习，增强他们对专业知识的理解和应用；"企业化"应作为对于应用型创新人才培养的核心方法，设计应根据企业的架构，使学生对企业的运作有深入地理解。

（二）完善应用型创新人才培养机制

健全和完善应用型创新人才培养机制，对应用型创新人才的培养工作起着重要的基础性和保障性作用。因此，在实行 CDIO 理念的过程中，高校应将加强应用型创新人才培养机制的工作提升为战略重点，全力推动其标准化和有序化。同时，也应投入更多的努力来创建有效的资源整合机制：需要集中精力强化"双师型"教师团队，深化教师教育和培训，使他们深入了解和理解 CDIO，从而在组

织执行、优化改进和提升等关键环节有更大的突破。强化应用型创新人才培养机制，要大力推行"项目化"评价机制的建立，包括语言表达能力、学生团队协作能力、项目运作、实施与结果、项目设计、项目构想等多个方面。只有在这些方面都表现良好，才能进一步推动学生全面素质的锻炼和提升，同时更能促进应用型创新人才培养模式的创新。另外，大学应在应用型创新人才的培养中应用PDCA 循环，使应用型创新人才培养体系通过 PDCA 循环持续改善和增强，提高其持续优化的能力。

（三）拓展应用型创新人才培养领域

在实施应用型创新人才的培养过程中，如果要融入并实施 CDIO 的概念，高校必须深化并扩展应用型创新人才培养的领域，主要是通过运用各种多元化的资源和策略，有效地提升资源整合的能力，并且搭建起内外部的有效联系。同时，将 CDIO 理念和"学校与企业的协作"紧密地相连，突出企业在此过程中的积极影响。例如，将"现代学徒制"作为"学校与企业合作"的主要方式，突出企业对人才的指导、带动及培养。在此过程中，也要不断提高学生的综合素质。由于CDIO 具有"闭环"的特点，在拓展应用型创新人才培养领域的过程中，高校需要强调学生的可持续发展，如引入"双创"，这样能更加突出培养学生的实践能力、操作能力及适应性。将企业的案例带入教学中，适度更新过时的理论教学，关注新的理论、新的技术、新的教学模式，可以进一步提升学生的综合素质。

第三节　基于校企协同育人的职业型人才培养机制

处在发展期的大学生，体力、精力及学习能力均已达到较高水平。高校教育对他们来讲，不只涉及知识的理解与掌握，同样与他们未来职业的规划及日后发展密切相关。在创新引领的社会背景下，企业与学校联合培养人才的做法能拓宽学生的视野，让他们更深入了解所学专业，同时也能增进学校的教学水平。高校与企业合作培养人才为学生提供了在各种环境中利用知识的机遇，这对他们灵活运用专业知识，提升创新能力大有裨益。然而，在这种合作培养人才的过程中，学校与企业面临许多挑战，他们必须共同应对，以推动学校教学质量的提高和企业的可持续发展。

一、企业与高校协同创新型人才培养机制的必要性和措施

作为推动我国经济全面进步与综合国力提升的主力军，大学生的成长与发展对国家至关重要，国家的强大源于青年的强大。高校作为我国培养和孕育人才的

基地，在创新为动力的时代背景下，强化学校与企业之间的协同育人不仅能促进高等教育与科技、经济、文化的融合，还有助于推动大学创新能力的增强及企业的发展。在我国目前企业与高校之间的合作中，主要通过企业参与部分人才培养过程来实现，主要包括五种形式：职业衔接、校企共建、企业赞助、委托培养及合作培养。企业与高校协同育人的优点在于可以推动高校与企业双方互补，弥补高校经费不足、实验室资源不足、科研创新及社会服务能力薄弱等问题，同时也能为企业的发展注入更多活力。

此外，企业与高校的合作培养模式为大学生在毕业前提供了良好的就业和实习机会，从而能够更好地应用他们所学的知识于实际生活中。通过企业的平台，大学生在实践中能更深入了解自身学业中的短板，进一步促进其个人发展。

（一）企业与高校协同育人可以使双方优势互补

社会不断向前发展，人才需求的标准也随之逐步升高。大学生不仅要拥有扎实的理论基础，还要能够灵活应用所学知识。创建企业与高校的联合人才培养机制有助于实现各自优势的互补，这不仅可以缓解高校的资金压力，改善实验设备不足的状况，也有助优化高校的人才教育模式，进而提高高校的人才培养水平。对于企业而言，学校与企业的合作培养方式可以为企业提供大量的人才储备和技术支持，进一步增强企业的市场竞争力。

培养创新型人才是企业和高校的共同目的。要成为创新型人才，不只需要掌握专门的知识，也需要通过实践来提高自我观察、记忆、学习及思考的能力。这些是创新能力的必要条件，它们需要基于扎实的学习基础，并不断在实践中锻炼才能形成。企业和高校协同培养的方式可以充分利用双方的优势和创新性，这不仅可以促进大学生的成长，也是对高校人才培养模式的一种创新。

（二）企业和高校协同育人是提升人才培养质量的重要因素

创新型人才可以分为广义和狭义两类。广义的创新型人才是指具备创新技能，能够参与创新过程的各个阶段的个体；而狭义的创新型人才则是指拥有新思想的人。高等学校和企业联合培养的创新型人才，就是指具备创新技能并能参与创新过程中的各个环节的个体。随着我国完成了以粗放式为主的经济增长模式，对于创新型人才的需求也在不断上升，这就需要我们改革和调整原有的人才培养模式，以提升人才的培养质量。

大学生正值青春韶华、活力无限，同时学习能力强大的生命阶段。通过高校与本地企业共同致力于人才培养，有助于拓宽和深化学生的知识体系。目前，企业不只看重人才的知识和技能掌握，更看重他们的思维能力的培养。秉承企业与学校共育人才的模式，能提升学生知识的转换及应用能力，使其能在各种环境中灵活运用，不仅能提升学生的知识吸收力，更能培养他们的发散思维，这对于他们创新能力的提升有着关键影响，并为人才培养质量的提升做出了重要贡献。

（三）企业与高校协同育人为学生提供了良好的实习就业平台

良好的实习就业平台对于大学生的技能提升具有至关重要的影响，有利于扩大他们的知识领域，增强他们的全局视野，同时增强他们的专业能力。在以创新驱动的发展背景下，构筑企业与高校的共同人才培养机制，可为学生的成长和发展打造一个优质的实习就业平台，让他们在掌握专业知识的同时，积累实践经验。对于大学生而言，这使他们能在毕业前对即将面对的行业和职场有一个清楚的认识，增强他们对所学专业知识的热情。一流的实习就业平台在学生能力的发展及未来职业规划上具有关键的作用。对于即将踏入社会的大学生来说，一个好的平台不仅能够开阔他们的视野，也能让他们对未来职业生涯有信心，激发他们对专业学习的热情。如果没有优质的平台，学生很容易产生自我怀疑，误认为自身的知识和实践需求不匹配，可能会导致他们失去对本专业的热情，甚至会影响他们对自我职业生涯的规划。

二、在创新驱动发展背景下企业与高校协同育人培养模式纠偏

在创新驱动背景下，企业与高校协同育人机制不仅是企业发展的一项优势，同样也给予高校人才培养新的活力，更是提高高校人才培养水平的关键手段。然而，在这个企校协同育人机制中还存在一些问题，这迫使高校和企业必须增进合作，以促进企校协同育人机制进一步完善，为提高人才培养效果并推动学生全面发展打下坚实基础。

（一）企业与高校协同育人机制需要强化其组织体系

对于高校和企业协同育人机制而言，建立健全的组织体系至关重要，它是这种机制能够有条不紊进行的主要保障。就目前我国这一模式的培养在组织环节存在的种种问题，高校和企业亟须共同努力寻求解决方案。首先，应当在双方之间建立一个长期、稳定的合作协议，形成严密、有序的组织体系，以便在协作人才培养过程中，对可能出现的问题建立一整套有效的管理制度，推动协同育人机制的长期发展和可持续发展。其次，为了确保合作过程中的问题能够得到快速、合理的解决，高校和企业还应相互协作，共同创建一个针对协同培养过程中出现的问题进行沟通解决的部门，以推动在协同培养上互动协作，提高高校的人才培养质量。

（二）企业与高校协同育人机制需要实现全方位的资源共享

建立高校与企业协同育人机制，不仅有利于解决高校财政压力大和实验设备不足的问题，同时也有利于企业培养大量优秀且稳定的创新型人才，从而推动企业的发展和进步。在科技开发上，由高校与企业共同努力，亦可以凸显两者的优势，推动我国科研事业的蓬勃发展。然而在目前的实际合作中，两者间仍然存在关于资源共享的阻碍。如果要真正提升学生的创新能力，就必须破解在校企协作中遇到的资源共享的难题，鼓励和优化全方位而深入的校企合作。

关于联手合作的资源，首先需要充分挖掘高校在研究资源和科研技术上的潜力并使其得到最大化的应用，同时也应利用企业在资金上的优势。另外，对于教学资源，我们不仅要让高校的教职人员充分发挥其专业优势，还要借助企业员工的力量，邀请在企业中有丰富实践经验的专家给学生讲解和教学，这样可以促使学生的理论知识和实践经验得到提升。同样，在课程体系的构建上，我们也需要主动征询企业员工的建议，为学生创新能力的培养奠定坚实的基础。

（三）企业与高校协同育人机制需要拓宽支持途径

在这种机制中，仅仅依靠高校和企业的支撑，可能会带来其他的困扰。

首先，由于高校和企业在人才培养需求上有所区别，可能导致他们在培养创新型人才的过程中出现不同的看法和争议。面对这种情况，政府机构就需要介入，对两者的分歧进行调和。比如，帮助教师与企业建立联系，为优秀的教师争取到企业任教的机会，或者邀请企业里的优秀实践人才来校指导，从而促进学生的成长和发展。

其次，政府可以作为媒介，拓宽大学与企业的协作路径，精确掌握企业需要和高校的要求，在两者间产生争议和分歧时，可以借助政府的影响力进行协调。

最后，提升大学人才培养的质量，推动大学生的创新能力发展。此外，当高校与企业协同育人机制出现问题时，政府可以动员各方资源来进行矫正，在必要的情况下，政府可以用财政资金来提供支持，推动高校与企业协同育人机制的健康发展。

（四）高校与企业协同育人机制需要建立长效沟通机制

作为我国的经济实力与综合国力发展的新动力，大学生是国家未来的基石和民族的希望。高校和企业协同育人机制对其成长和发展有着重要影响。在学校和企业的合作过程中，必然会遇到一些问题和挑战。只有通过科学和合理的方式解决这些问题，才能提高学生培养质量，并推动企业更进一步的发展。

构建高校与企业协同育人机制取决于两者间的信息通畅和互相配合。如果他们之间的信息传输顺畅，不仅可加深两者的联系，也能及时发现和处理共同培

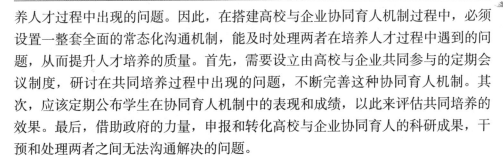

养人才过程中出现的问题。因此，在搭建高校与企业协同育人机制过程中，必须设置一整套全面的常态化沟通机制，能及时处理两者在培养人才过程中遇到的问题，从而提升人才培养的质量。首先，需要设立由高校与企业共同参与的定期会议制度，研讨在共同培养过程中出现的问题，不断完善这种协同育人机制。其次，应该定期公布学生在协同育人机制中的表现和成绩，以此来评估共同培养的效果。最后，借助政府的力量，申报和转化高校与企业协同育人的科研成果，干预和处理两者之间无法沟通解决的问题。

参考文献

[1] 姚大斌，肖和伟．高质量发展背景下高校教育管理路径研究 [J]．现代商贸工业，2023，44（24）：204–206．

[2] 王升鹏．高校学生管理与人才培养的结合路径探究 [J]．四川劳动保障，2023（10）：44–45．

[3] 李芳．专创融合背景下高校人才培养策略研究 [J]．黑龙江科学，2023，14（19）：88–91．

[4] 万滨，蔡美婷．"新农科"背景下大学生创新创业能力培养环境探析 [J]．南昌工程学院学报，2023，42（5）：88–92．

[5] 周庆红．职业院校少数民族学生教育管理实践的思考——评《少数民族大学生教育管理研究》[J]．中国高校科技，2023（10）：115．

[6] 赵晨．应用型高校大学生创业实践能力培养策略研究 [J]．办公室业务，2023（20）：119–121．

[7] 王迎．工业 4.0 时代应用型大学人才培养模式研究 [J]．北华航天工业学院学报，2023，33（5）：47–49．

[8] 王海蓝．基于创新教育理念的大学生教育管理 [J]．新西部，2023（9）：158–160．

[9] 朱守丽．大数据背景下大学生心理健康教育管理的对策 [J]．科学咨询（教育科研），2023（10）：51–53．

[10] 周国梁，魏敏，秦梅颂，等．基于"CBL+PBL"高校校企合作人才培养模式创新探讨 [J]．现代畜牧科技，2023（10）：157–160．

[11] 李霞，李韦佳．TQM 理论视角下新时代大学生党员教育管理质量提升路径研究 [J]．西部学刊，2023（18）：77–80．

[12] 赵杰．信息技术赋能大学生思政教育管理工作 [J]．中国高校科技，2023，（9）：116．

[13] 蔡湘文，党娜，刘秋华．化工专业大学生教育管理存在的问题及解决方法探析 [J]．塑料工业，2023，51（9）：183–184．

[14] 曾园．教学策略与自主学习能力的人才培养——以大学英语为例 [J]．现代商

贸工业，2023，44（20）：117-119.

[15] 眭依凡，王改改.全面提高自主培养质量：大学人才培养模式创新行动的逻辑 [J].江苏高教，2023（9）：21-28.

[16] 沙飞.双主体视域下大学生预备党员教育管理研究 [J].湖北开放职业学院学报，2023，36（16）：142-144；147.

[17] 远翠平.标杆管理理论在大学生党员教育管理中的运用研究 [J].东莞理工学院学报，2023，30（4）：128-134.

[18] 桂林，李玲.基于生态学视角下教育管理的理论及其模式的发展 [J].环境工程，2023，41（8）：308.

[19] 姜立波.民办高校创新型人才培养质量分析 [J].黑龙江科学，2023，14（13）：118-120.

[20] 汝铁林.《大学生健康教育》出版：大学生健康教育管理策略优化分析 [J].介入放射学杂志，2023，32（7）：729.

[21] 董卫国，刘婷婷.新时代大学生思想政治教育管理机制创新研究 [J].食品研究与开发，2023，44（14）：241.

[22] 倪小勇，王世璐，李学骞，等.完全学分制背景下综合性大学人才培养方案构建探析 [J].高等理科教育，2023（4）：61-68.

[23] 周亮.移动互联网背景下大学生思政教育管理路径探析 [J].湖北开放职业学院学报，2023，36（12）：162-165.

[24] 旷玉妍.基于和谐社会构建的大学生安全教育与管理研究 [J].公关世界，2023（11）：133-135.

[25] 李俊.地方师范院校"00后"大学生心理健康状况及教育管理对策 [J].大学，2023（17）：13-16.

[26] 商冲冲，田鲜丽，吉刚，等.文化润疆视野下新疆高校少数民族党员发展教育管理对策——以伊犁师范大学为例 [J].现代商贸工业，2023，44（14）：138-141.

[27] 赵叶.关于听障大学生教育管理工作的思考 [J].科学咨询（科技·管理），2023（6）：53-55.

[28] 陆柳叶.广西民办高校外语类大学生党员教育与管理方式研究 [J].办公室业务，2023（11）：37-39.

[29] 赵国旭，刘洪涛，张恒通.依法治校视野下的大学生教育管理研究 [J].产业与科技论坛，2023，22（11）：285-286.

[30] 龚宪芳.柔性管理理念在大学生教育管理中的运用 [J].西部学刊，2023，（10）：122-125.

[31] 徐春喜.新时代大学生党员教育管理创新的原则、机制与路径 [J]. 东华理工大学学报（社会科学版），2023，42（2）：176–181.

[32] 郭秋生.高职院校就业创业教育管理模式的分析与探究——以家庭经济困难大学生就业创业管理为例 [J]. 北京工业职业技术学院学报，2023，22（2）：68–71.

[33] 王蕾.大学生教育管理中人文关怀的科学内涵研究 [J]. 淮南职业技术学院学报，2023，23（2）：91–93.

[34] 伍琪.高校大学生心理健康教育管理体系构建研究 [J]. 现代职业教育，2023，（11）：101–104.

[35] 姜占峰.大思政视域下思政教育与大学生管理工作的融合路径 [J]. 大众文艺，2023（6）：167–169.

[36] 潘瑜.艺术类大学生党员教育管理实践探究——以贵州师范大学音乐学院为例 [J]. 大学，2023（9）：169–172.

[37] 娄冰琼，郝雷.大学生创业就业教育管理存在的问题及对策研究 [J]. 海峡科技与产业，2023，36（3）：92–94.

[38] 蒋敏.辅导员视域下大学生安全教育管理工作探析 [J]. 无锡职业技术学院学报，2023，22（2）：59–62.

[39] 朱镇生.大学生日常行为管理问题的成因分析与改进路径 [J]. 科技风，2023（7）：160–163.

[40] 李明升.新形势下高校大学生教育管理实效性的提升 [J]. 创新创业理论研究与实践，2023，6（5）：79–81.

[41] 沙飞，任建蕊，张晓.基于 SWOT 分析的大学生预备党员教育管理研究 [J]. 办公室业务，2023（5）：40–44.

[42] 冷晴，王娟.社会支持视角下少数民族大学生教育管理研究——以江苏省 T 学校为例 [J]. 教育教学论坛，2023（9）：181–184.

[43] 程宏云.高校留学生跨文化教育管理问题探究 [J]. 黑河学院学报，2022，13（12）：50–52；126.

[44] 王莉.高校大学生日常教育管理的科学化研究 [J]. 河北开放大学学报，2022，27（6）：71–74.

[45] 赵茜.基于智慧党建创新大学生党员教育管理模式 [J]. 数据，2022（12）：97–99.

[46] 邵晨."以人为本"理念下的大学生教育管理创新研究 [J]. 科教导刊，2022（33）：131–133.

[47] 昌海燕，唐锋，巫德富.新形势下高校学生党员教育管理工作研究 [J]. 产业

与科技论坛，2022，21（21）：285–286.

[48] 王晓艳，梅俊强 . 基于创新教育理念的大学生教育管理 [J]. 山西财经大学学报，2022，44（S2）：61–63.

[49] 刘明辉 . 当代大学生日常教育管理工作的现状及对策研究 [J]. 公关世界，2022（20）：116–118.

[50] 付超，李庆 . 退役复学大学生再适应与发展研究 [J]. 太原城市职业技术学院学报，2022（10）：122–124.

[51] 陈文婷 . 大学生教育管理与思政教育的共融性分析 [J]. 中学政治教学参考，2022（38）：82.

[52] 陈锦全 . 加强新形势下高校大学生党员教育管理工作的路径研究——基于易班平台的视角 [J]. 现代职业教育，2022（37）：114–116.

[53] 屈增，张秋萍，牛源渊 . 柔性管理理念在大学生教育管理中的应用策略 [J]. 现代职业教育，2022（35）：92–95.

[54] 应思苒 . "00 后"大学生"躺平"心态及教育管理策略探讨 [J]. 太原城市职业技术学院学报，2022（8）：171–173.

[55] 邓珂 . 家庭经济困难大学生就业创业教育管理工作模式探索 [J]. 就业与保障，2022（8）：136–138.

[56] 李寿星 . 基于法治理念的大学生教育管理改革探究 [J]. 大学，2022（23）：157–160.

[57] 李响，赵立成 . 大学生心理问题变化趋势中的教育管理策略探析 [J]. 锦州医科大学学报（社会科学版），2022，20（4）：64–67.

[58] 孙凯军 . 基于创造力价值链的国内外大学生创业教育管理体系分析 [J]. 中国多媒体与网络教学学报（上旬刊），2022（8）：151–154.

[59] 李艾芳，赵宗涛 . 移动互联网视域下大学生心理健康教育管理问题探究 [J]. 教育教学论坛，2022（29）：177–180.

[60] 任常英，赵欣 . "五育"并举视阈下大学生党员教育管理综合评价体系构建研究 [J]. 大学，2022（20）：9–12.